Samuel Pfeifer
Die Schwachen tragen

Samuel Pfeifer

Die Schwachen tragen

Moderne Psychiatrie
und biblische Seelsorge

Brunnen-Verlag · Basel und Gießen

ABC-team-Bücher erscheinen in folgenden Verlagen:
Aussaat- und Schriftenmissions-Verlag Neukirchen-Vluyn
R. Brockhaus Verlag Wuppertal
Brunnen-Verlag Basel, Gießen (und Brunnquell Verlag)
Christliches Verlagshaus Stuttgart
(und Evangelischer Missionsverlag)
Oncken Verlag Wuppertal

3. Auflage 1994

Herstellung: Clausen & Bosse, Leck

ISBN 3-7655-2587-1

Meinem Vater, der in mir
das Interesse an der Psychiatrie und
die Liebe zu den Schwachen
geweckt hat

DIE
ARMEN
SCHWACHEN
KRANKEN
RATLOSEN
HILFLOSEN
WEHRLOSEN
DIE VERSAGER
UND VERZAGTEN
DIE ZWEIFELNDEN
UND VERZWEIFELTEN
DIE SCHEITERNDEN
UND GESCHEITERTEN
ALLE, DIE MAN LINKS
LIEGEN LÄSST
DIE NICHT GLEICH SEHEN
DIE NICHT MEHR KÖNNEN
TROTZ WOLLEN
SIND
TREFFPUNKTE GOTTES

Anton Kner

Inhalt

Einleitung

Dieses Buch ist herausgewachsen aus einer Serie von Seminaren zum Thema „Psychiatrie und Seelsorge“, die ich in den vergangenen Jahren abgehalten habe. Das große Interesse an den Vorträgen machte mir deutlich, daß viele Menschen nach Antworten in dem Spannungsfeld von psychischem Leiden und seelischem Heil suchen.

Die Problematik psychischer Störungen scheint heute größer denn je. Insbesondere depressive Verstimmungen werden viel häufiger festgestellt als früher. Prof. *Paul Kielholz*, einer der bekanntesten Depressionsforscher, schreibt dazu: „Diese Zunahme ist einerseits auf die Verbesserung der Diagnostik und der Therapien der depressiven Zustände zurückzuführen, andererseits liegen deren Ursachen in der Beziehungslosigkeit und Vereinsamung der Menschen in unserer Konsum- und Wegwerfgesellschaft.“ [1] Auch der deutsche Arzt *Hufeland* machte ähnliche Beobachtungen. Er schreibt: „Noch nie waren Nervenkrankheiten so häufig wie jetzt, noch nie so mannigfaltig.“ [2] Doch das Datum dieser Niederschrift mag erstaunen: Seine Klagen brachte er schon *1812* zu Papier! Umfassende Untersuchungen [3] haben gezeigt, daß das Risiko, an einer schweren psychischen Störung zu erkranken, sich über die letzten Jahrzehnte *nicht* erhöht hat. [4]

Zugenommen hat sicher aber das *Problembewußtsein*. Man spricht heute viel offener über psychische Probleme und Krankheiten. Die Öffnung der Psychiatrie bringt es mit sich, daß man vermehrt mit psychisch behinderten Menschen konfrontiert ist. In unserer hochtechnisierten Wohlstands-Gesellschaft ist es für sie viel schwerer, eine angepaßte Arbeit und Aufnahme in einer Gemeinschaft zu finden, als dies früher in der ländlichen Bevölkerung möglich war. *Zu-*

genommen hat auch das *Über-Angebot von Therapien*[5] und die Neigung, jede Abweichung und jede Gefühlsverstimmung als psychische Krankheit zu bezeichnen. Die „Angefochtenen" von früher sind die „Depressiven" von heute.

Auf den ersten Blick scheinen sich Seelsorge und Psychiatrie gegenseitig auszuschließen. Die Psychiatrie als Wissenschaft und als „System" ist vielen Menschen suspekt. Und das nicht ganz zu unrecht. Erst kürzlich hat Prof. Hans Küng in engagierter und fundierter Weise auf die „Verdrängung der Religion in der Psychiatrie"[6] hingewiesen. In Gesprächen mit Ärzten, Theologen und Laien, mit Christen und Agnostikern habe ich *vier Grundhaltungen* zu diesem Spannungsfeld gefunden:

1. *Psychiatrie und Religion haben nichts miteinander zu tun.* Psychische Probleme soll man mit Hilfe von Psychotherapie und Psychiatrie lösen. Glaubensfragen kann man der Kirche überlassen.

2. *Psychische Krankheit wird durch die Religion verursacht* oder zumindest verschlimmert. Der Begriff der „religiösen Neurose" und des religiösen Wahns wird hier häufig als Argument gebracht. Dabei wird oft die Unterscheidung zwischen Verursachung und Färbung einer Neurose bzw. eines Wahns vernachläßigt. Tatsache ist aber, daß es mit der zunehmenden Entfremdung von Kirche und Religion zu einem Abnehmen religiöser Inhalte im schizophrenen und depressiven Wahn kommt.[7] Heute versündigt man sich nicht mehr gegen Gott, sondern man versagt gegenüber den Anforderungen der Gesellschaft. Das Grundproblem ist dasselbe geblieben, nur das Vokabular hat sich geändert.

3. Das andere Extrem, diesmal aus christlicher Sicht, lautet: *Psychische Krankheit ist ein geistliches Problem und durch den Glauben allein heilbar.* Die Ursache liege beispielsweise in mangelnder Heiligung, in einer dämonischen Beeinflußung oder darin, daß ein Mensch noch nicht die Bedeutung des Kreuzes in seinem Leben erfaßt und angewendet habe. Diese Haltung hat ungünstige geistliche und psychische Auswirkungen auf die Betroffenen: sie werden durch derartige Ermahnungen überfordert und fühlen sich aus der Gemeinschaft der Gläubigen ausgeschlossen. Eine solche (unbiblische) Einstellung führt nun effektiv zu vermehrten inneren Spannungen und kann eine psychische Krankheit verschlimmern.

Alle drei genannten Ansichten sind in ihren Aussagen einseitig und werden den betroffenen Menschen nicht gerecht. Ich möchte ihnen deshalb thesenhaft eine vierte Sichtweise gegenüberstellen:

4. *Psychische Störungen sind eine Realität unseres Erdendaseins. Der biblische Begriff der „Schwachheit" läßt sich auch auf diesen Problemkreis anwenden. Die christliche Gemeinde hat eine wichtige Aufgabe in der Vorbeugung seelischer Störungen und in der Betreuung psychisch schwacher Menschen. Die Zusammenarbeit mit Psychiatern ist möglich und sinnvoll, wo Seelsorger und Psychiater ihre Grenzen kennen und sich gegenseitig respektieren.*

Viele Aussagen dieses Buches sind natürlich geprägt von meinem eigenen Erleben während der Ausbildung zum Facharzt für Psychiatrie und Psychotherapie. Ich erinnere mich noch gut an meinen ersten Eindruck von einer psychiatrischen Klinik. Mit einer eigenartigen Beklemmung betrat ich als junger Assistenzarzt die Aufnahmestation, die damals einer Mischung aus Bahnhofswartesaal und Notschlafstelle glich (sie wurde inzwischen längst renoviert). Die Männer, die mir dort begegneten, waren mir fremd, fast unheimlich. Doch je besser ich sie kennenlernte, desto mehr merkte ich, daß hinter dem bizarren und fremden Äußeren meiner Patienten „Menschen wie du und ich" steckten; Menschen in einer Krise, die einen Klinikaufenthalt nötig machte. Eugen Bleuler hat einmal sehr treffend geschrieben, das grundsätzliche Kennzeichen der Psychosen liege darin, „daß das Gesunde dem Schizophrenen erhalten bleibt. Es wird nicht aufgelöst, sondern versteckt."[8] Den kranken Menschen auf dem Weg zur Wiederfindung seiner gesunden Anteile zu begleiten, wurde mir in späteren Jahren zur erfüllenden Aufgabe.

Doch die Grundlagen für meine heutige Tätigkeit wurden lange vor meiner ärztlichen Ausbildung gelegt. Mein Vater, der selbst viele Jahre als Seelsorger in einem Kurhaus tätig war, gab mir wichtige Impulse. Er weckte in mir die Liebe zu psychisch schwachen Menschen und förderte mich in meinem Interesse an einer medizinisch-wissenschaftlichen Psychiatrie. Das Christentum, das ich zu Hause kennenlernte, war eine befreiende und bereichernde Erfahrung. Für meine Eltern war die Bibel die Richtschnur für ein erfülltes Leben; das Gebet eine natürliche Zwiesprache mit Gott. Die durchtragende Kraft eines lebendigen Glaubens an Christus habe ich auch in meinem eigenen Leben erfahren.

Eine große Hilfe war mir ein ergänzendes Studium von Psychologie und Theologie in Kalifornien. Hier lernte ich Professoren kennen, die sowohl fachlich als auch biblisch fundiert zu den drängenden Fragen um die Natur des Menschen und seiner Probleme Stellung nahmen. Sie gaben mir den Mut, mich ohne Scheu mit Psychologie, Psychotherapie und Psychiatrie zu befassen und ihre Weltanschauung aus der Sicht der Bibel kritisch zu hinterfragen.

In meiner Suche nach Antworten habe ich immer schmerzlich empfunden, daß die meisten Seelsorge-Bücher sich nur der Bewältigung leichterer Probleme widmeten, aber kaum Hilfen zu einer ganzheitlichen Betrachtung von Schizophrenie und endogener Depression, von schweren Neurosen oder hirnorganischen Störungen boten.[9] Auf der andern Seite fanden sich auch in der psychiatrischen Literatur nur wenige Hinweise zum Umgang mit schwer psychisch Kranken, für die der Glaube eine wichtige Rolle spielt. Allzu oft wird Religiosität einseitig in ihren krankhaften Erscheinungsformen beschrieben. Doch „wer die Religion nicht kennengelernt hat", schreibt Prof. Küng, „wird nie die großen spirituellen Ressourcen kennen, die für das Wohl eines Patienten entscheidend sein können; er ist ärmer als andere, die über Erfahrungen mit Religion im befreienden und heilenden Sinn verfügen."[10]

Durch neue Behandlungsmöglichkeiten in der Psychiatrie können heute viele Menschen außerhalb der Klinik leben. Doch sie leiden weiterhin an psychischen Behinderungen, die ihr Leben erschweren. Nicht selten kommt der Seelsorger und der engagierte Christ mit ihrer Not in Berührung. Ja, psychisch kranke Menschen werden oft gerade angezogen von der christlichen Botschaft der Erlösung und Vergebung, der Liebe und der Annahme durch Gott und die christliche Gemeinschaft. Nicht selten entscheiden sie sich in einer Krise für Christus. Die Fragen, die sich aus der Beratung ergeben, sind vielfältig. Wenn Christen bei psychischen Störungen wirksam helfen wollen, so brauchen sie *ein breiteres Verständnis für psychische Krankheiten* und deren Auswirkungen auf den Menschen im allgemeinen und seinen Glauben im besonderen. Sie sollten die Möglichkeiten und die Grenzen von Psychiatrie und Seelsorge kennen.

Dieses Buch wendet sich deshalb an diejenigen, die nicht nur medizinisches Fachwissen suchen, sondern die Problematik psychischer Schwachheit auch auf dem Hintergrund des christlichen Glaubens verstehen wollen – an Seelsorger und engagierte Laien sowie an die Angehörigen von psychisch Kranken. Aus diesem Grunde habe ich bewußt eine allgemeinverständliche Sprache gewählt. Ein ausführliches Literaturverzeichnis gibt dem interessierten Leser zudem eine Übersicht über den Stand der modernen Psychiatrie. Obwohl manche Krankheitsbilder sehr detailliert dargestellt werden, sollte die Diagnose immer vom Arzt gestellt werden, der die nötige Ausbildung und Erfahrung hat.

Ich bin mir der Grenzen meines Unterfangens sehr bewußt. Was ich in den folgenden Kapiteln zusammengetragen habe, ist keine neue Wahrheit, aber eine Darstellung alter Erfahrungen auf dem Hintergrund neuer Erkenntnisse in der Psychiatrie. Ich schreibe als Arzt und nicht als Theologe, doch habe ich versucht, die Erfahrungen einer fachlich fundierten Psychiatrie mit einer biblischen Grundhaltung zu verbinden. Manches konnte nur am Rande berührt werden; vielfach sind letzte Antworten nicht möglich. Dennoch hoffe ich, dem Leser ein neues Verständnis für psychisch schwache Menschen und in bezug auf diese schweren Zustandsbilder eine neue Sicht der Bibel zu vermitteln.

Wenn dieses Buch zum vermehrten Dialog zwischen Seelsorger und Arzt, zwischen praktischer Theologie und klinischer Psychiatrie beiträgt; wenn es Seelsorgern und Laienhelfern Mut macht zum Tragen der Schwachen, dann hat es sein Ziel erreicht.

Teil I

Psychiatrie im Wandel

Kapitel 1

Psychiatrie im Kreuzfeuer

Wohl kaum ein Fachgebiet der Medizin wirft so viele Fragen auf wie die Psychiatrie. Viele haben Hemmungen im Umgang mit psychisch Leidenden. Jemand schrieb mir: „Ich habe Mühe, solchen Menschen zu begegnen; sie sind mir so fremd, manchmal etwas erschreckend. Psychologie und Psychiatrie zweifle ich an. Ich glaube, auf diesem Gebiet gibt es keine Fachleute. Menschliche Hilfe ist wohl nötiger." In persönlichen Gesprächen über die Psychiatrie begegnen mir häufig Ängste und Abwehr, Kritik und Vorurteile.

Und doch werden wir ständig mit psychischen Problemen konfrontiert. Depressionen und psychosomatische Störungen beunruhigen den modernen Menschen mehr denn je. Mehr noch: jeder zweite hat einen nahen Angehörigen, der schon einmal in einer psychiatrischen Klinik behandelt werden mußte.[1]

Auch Christen haben Probleme

Psychische Krankheiten machen vor Christen nicht halt. Das mag für manch einen schockierend sein. Und doch sind auch Christen anfällig für Schwachheit und Anfechtung. Immer wieder höre ich die Frage: „Wie kann ein Christ, der an die Bibel glaubt, die Entstehung seelischer Probleme verstehen?"

Wie ist es möglich, daß

- eine 30jährige Lehrerin dermaßen Angst vor dem nächsten Tag hat, daß sie ihn ohne Beruhigungsmittel nicht mehr bewältigen kann?
- ein 45jähriger Mann nach einem Autounfall mit Kopfverlet-

zung unter Wutausbrüchen leidet, bei denen er auch schon einmal den Fernseher zertrümmert hat?
- eine 40jährige Frau in eine Depression verfällt, nicht mehr richtig schlafen kann und tiefe Zweifel an ihrem Glauben entwikkelt, der ihr sonst solch eine Stütze war?
- ein 22jähriger Student sich allmählich von seinen Kollegen verfolgt fühlt, wirr redet und seinen Vater tätlich angreift?

Haben Christen überhaupt Erklärungen für diese Zustandsbilder? Kann man von der Bibel her Modelle entwickeln, die zum Verständnis solcher Menschen beitragen und zugleich der Realität gerecht werden? Oder muß man sich wohl oder übel auf eine psychologische Schule verlassen, um psychisch leidende Menschen zu verstehen? Gibt es eine biblische Sicht des Menschen, die nicht nur Fehlverhalten erklärt, sondern auch auf schwere Krankheitsbilder anwendbar ist?

Krankheit oder Lebensprobleme?

Glaubt man gewissen Psychotherapeuten und ihren Büchern, so ist praktisch jeder Mensch psychisch gestört und behandlungsbedürftig. Allzuoft wird keine Unterscheidung mehr gemacht zwischen leichteren und schweren Zustandsbildern. Viele Fachleute warnen davor, daß der Begriff der „Krankheit“ heute zu weit ausgedehnt wird. Wir seien, ähnlich wie in Amerika [2], auf dem besten Weg zu einer „Therapiegesellschaft“[3], in der man glaubt, ohne Therapeut nicht leben zu können. Mit Recht wird eine derartige Psychologisierung unserer Gesellschaft angegriffen, nicht nur in christlichen Kreisen, sondern auch von verantwortungsbewußten Autoren, die die Grenzen der Psychologie und ihrer therapeutischen Verfahren erkennen.[4]

Dabei ist es unbestritten, daß die Häufigkeit depressiver Verstimmungen in den vergangenen Jahren deutlich zugenommen hat. Viele Menschen leiden unter frühkindlichen Verletzungen und enttäuschenden Erfahrungen während ihres späteren Lebens. Die Sorgen früherer Generationen um das bloße Überleben haben sich verlagert. Es ist ein Kennzeichen unserer Wohlstandsgesellschaft, daß sie innerseelische Konflikte und psychosomatische Beschwerden immer mehr zum Zentrum ihres Lebens macht. Und wer sich nicht rundum wohl fühlt, empfindet sich bereits als psychisch gestört. Oft wird dabei vergessen, daß innere Spannungen, Ängste und Verstimmungen zu unserem Leben gehören und in Enttäuschungen und Krisen auftreten können. Sie stellen noch lange keine Krankheit dar, die in jedem Fall eine Behandlung durch einen Spezialisten nötig macht.

Schwere psychische Krankheiten

Die enorme Ausweitung des Krankheitsbegriffs durch die Psychowelle verschleiert die Tatsache, daß es aber doch psychische Erkrankungen gibt, die über allgemeine Lebensprobleme hinausgehen und einer fachlichen Behandlung durch eine medizinische Psychiatrie bedürfen.

Dies gilt insbesondere für folgende Störungen, die im engeren Sinne zu den psychiatrischen Krankheiten gezählt werden müssen und fünf bis zehn Prozent der Bevölkerung betreffen:

- Schizophrenie und andere Psychosen
- endogene Depressionen
- hirnorganische Krankheiten (besonders nach Gehirnschädigungen und im Alter)
- schwere Neurosen

Das Risiko, einmal im Leben an einer Schizophrenie zu erkranken, liegt bei einem Prozent; das Risiko einer schweren Depression bei zehn Prozent. Rund fünf Prozent der Bevölkerung leiden an Behinderungen durch eine *schwere* psychische Erkrankung. Etwa 15 Prozent sind von einer *mittelschweren* Störung betroffen (Neurosen, Persönlichkeitsstörungen und Süchte). Weitere 20 Prozent machen *leichtere* vorübergehende Schwierigkeiten durch.[5]

Nicht immer läßt sich eine scharfe Trennlinie zwischen leichten und schweren Zuständen ziehen. Viele psychische Störungen verlaufen wellenförmig. Das leichte Kräuseln persönlichen Unbehagens kann sich unter dem Sturm innerer und äußerer Nöte bis zur wilden Springflut einer schweren Krise steigern. Doch wenn auch eine Störung im Moment dramatisch erscheinen mag, so sagt dies nichts über den Langzeitverlauf einer Erkrankung aus. Oftmals erlebt der Psychiater eindrückliche Besserungen, selbst bei schwerwiegenden Krisen.

In diesem Buch möchte ich in erster Linie auf schwere Erkrankungen eingehen, die in ihrem längerfristigen Verlauf zu erheblichem Leiden und deutlichen Behinderungen im Alltag führen können. Bei diesen Zustandsbildern ist das Gespräch nur bedingt und nicht in jeder Phase hilfreich, da die Betroffenen für Zuspruch nur mangelhaft aufnahmefähig sind. Hier stoßen also Psychotherapie und Seelsorge an ihre Grenzen. Eine Behandlung ohne Miteinbezug psychiatrischen Fachwissens wäre in diesen Fällen nicht zu verantworten.

Das heißt nun nicht, daß der Seelsorger keinen Beitrag zur Begleitung schwer Kranker leisten kann. Aber er braucht mehr Information über die Hintergründe solcher Erkrankungen und die Zusammenarbeit mit dem psychiatrisch geschulten Arzt.

Psychologie und Psychotherapie – eine Ersatzreligion?

Viele Christen stehen allem, was mit Psychologie und Psychotherapie zu tun hat, äußerst skeptisch gegenüber. Auch ich bin mir der Kritik an der modernen Psychologie sehr bewußt. Sie wird heute sowohl von christlichen[6] als auch von „weltlichen" Fachleuten[7] deutlich ausgesprochen. Einerseits haben psychologische Erkenntnisse viel zum besseren Verständnis des Menschen beigetragen. Doch andererseits stehen viele Zeitgenossen in der Gefahr, die Psychologie zur Ersatzreligion zu erheben.[8] Eine Gesellschaft, die keine absoluten Maßstäbe mehr haben will, macht sich zunehmend abhängig von „Experten", die ihre Probleme lösen soll.

Aber lange nicht alles, was unter dem magischen Anspruch der „Psychologie" läuft, ist auch hilfreich. Es besteht ein fundamentaler Unterschied zwischen *interessanten Ideen* in der Psychotherapie und *nachprüfbaren Tatsachen.*[9] Viele Behauptungen psychotherapeutischer Schulen lassen sich nicht beweisen. Dennoch kann Psychotherapie bei leichteren Störungen wirksam und hilfreich sein – nicht wegen der Theorie, die dahinter steht, sondern weil der Therapeut seinem Klienten mit Wärme und mit Interesse begegnet und weil der Patient bereit ist, sich zu verändern.[10]

So ist es möglich, daß auch Christen in einer Therapie Hilfe erfahren, wenn der Therapeut seine *Grenzen* kennt und den Ratsuchenden in seiner Art (und in seinem Glauben) *respektiert*. Dies möchte ich trotz all meiner kritischen Anfragen deutlich unterstreichen. Für viele Menschen ist der Psychotherapeut ein (bezahlter) Freund in der Not, mit dem sie ihre Schwierigkeiten besprechen können; ein Experte, der ihnen neue Wege für die Bewältigung des Lebens aufzeigen soll. Leider können die meisten Psychotherapien bei schweren Erkrankungen, die in diesem Buch zur Sprache kommen, nur sehr begrenzt zur Anwendung kommen. Ihre Denkmodelle, so faszinierend sie auch erscheinen mögen, berühren nur ein Randgebiet der medizinischen Psychiatrie im engeren Sinne.

Psychologie, Psychotherapie oder Psychiatrie?

Meiner Erfahrung nach fällt vielen Menschen die Unterscheidung zwischen Psychologie, Psychotherapie und Psychiatrie schwer. Bevor ich die aufgeworfenen Fragen angehe, soll deshalb die Bedeutung dieser Begriffe geklärt werden. Abbildung 1-1 stellt grafisch die einzelnen Bereiche dar.

Die PSYCHOLOGIE beschreibt ganz allgemein die „Psyche" des Menschen, sei er nun gesund oder krank. Sie befaßt sich mit seinem Erleben, seinem Denken und seinem Verhalten. Der Begriff „psyche" kommt bereits in der Bibel vor. Allein im Neuen Testament wird er nicht weniger als 101 Mal verwendet und wird im Deutschen mit „Seele", „Herz" und „Leben" wiedergegeben.[11] Auch das Wort „logeia" kommt bereits in der Bibel vor und bedeutet Sammlung, gesammeltes Wissen, Lehre.[12] *Psychologie bedeutet somit „das gesammelte Wissen oder die Lehre von der Seele"*. Dabei wurden im Verlauf der vergangenen 100 Jahre die verschiedensten Modelle entwickelt, mit denen der Mensch beschrieben wird.[13] Keine dieser Vorstellungen kann den Anspruch erheben, das Wesen des Menschen völlig zu erfassen. Alle enthalten Teilwahrheiten und zeigen Ausschnitte von dem, was wir im täglichen Leben beobachten können.

Ein *Psychologe* absolviert im Normalfall ein vierjähriges Studium an einer Universität. Doch ist der Titel nicht geschützt, so daß sich im Grunde jeder als Psychologe ausgeben kann.

Abbildung 1-1:
Die Anwendungsbereiche von Psychologie, Psychotherapie, Psychiatrie und Seelsorge

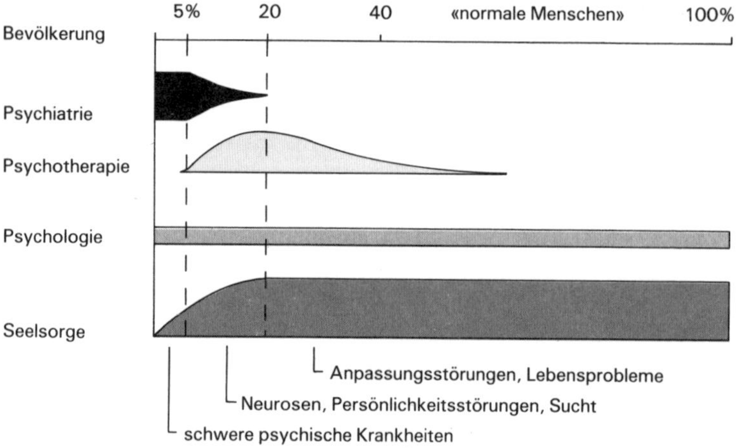

PSYCHOTHERAPIE ist eine allgemeine und umfassende Bezeichnung für alle Behandlungstechniken, die zur Linderung oder Heilung psychischer Störungen beitragen sollen. Es gibt heute über 200 verschiedene Schulen, von der Analyse bis zum Urschrei, ein wahrer „Psychoboom". Die Ausbildung zum *Psychotherapeuten* ist sehr verschiedenartig. Viele absolvieren ein psychologisches Grundstudium und bilden sich zusätzlich in einer oder mehreren Methoden aus. Doch gibt es auch andere (besonders humanistisch orientierte) Therapeuten, die einige Kurse absolvieren und dann den Titel eines Psychotherapeuten tragen.

Die PSYCHIATRIE schließlich ist ein Teilgebiet der medizinischen Wissenschaft, das sich mit Diagnose, Behandlung und Maßnahmen zur Vorbeugung von Geisteskrankheiten und anderen psychischen Störungen befaßt.[14] Die moderne Psychiatrie entdeckt zunehmend die Bedeutung biochemischer Prozesse im Gehirn und hat durch die Anwendung von Medikamenten in den letzten drei Jahrzehnten vieles zur Behandlung schwerer Geisteskrankheiten beigetragen.

Der *Psychiater* absolviert das volle Medizinstudium wie jeder andere Arzt. Daran schließen sich mindestens vier bis fünf Jahre Ausbildung in psychiatrischen und neurologischen Kliniken an. Parallel dazu absolvieren die meisten Psychiater eine Ausbildung in einer oder mehreren Psychotherapiemethoden.

Wie aus der Abbildung zu ersehen ist, hat der Psychiater mit seiner umfassenden medizinischen und psychologischen Ausbildung seine Hauptaufgabe bei Geisteskrankheiten und schweren psychischen Störungen, während Psychotherapeuten ohne medizinische Grundausbildung bei leichteren Störungen hilfreich sein können.

Kritik an der Psychiatrie

Die Psychiatrie hat leider nicht den besten Ruf. Deshalb verstehe ich, wenn kritische Anfragen kommen. Die Krise der Psychologie und der Psychotherapie hat auch die *Psychiatrie* als medizinische Wissenschaft ins Zwielicht gerückt. Die *psychiatrische Klinik* als der Ort, wo sich schwere psychische Störungen sammeln, wurde hineingezogen in das allgemeine Kreuzfeuer der Kritik. Angriffsflächen bieten sich genug, denn allzu oft können wir in der Psychiatrie keine völlige Heilung anbieten. Die enttäuschten Hoffnungen führen oft zu vehementen Anklagen gegen die Psychiatrie. Nicht immer gelingt es zudem, zum Teil bedingt durch das Arztgeheimnis, der Umwelt verständlich zu machen, warum ein Patient einen Klinikaufenthalt braucht.

Darunter leiden auch die Mitarbeiter psychiatrischer Kliniken. Nicht wenige versuchen, ihre persönlichen Ideale von Freiheit und Lebensglück auf die schwer kranken Patienten zu übertragen. Enttäuschungen sind vorprogrammiert. Wolfgang Schmidbauer hat sehr eindrücklich die Nöte der Helfer beschrieben. Seine beiden Bücher, „Die hilflosen Helfer“ [15] und „Helfen als Beruf: Die Ware Nächstenliebe“ [16], machen viele negative Vorfälle in der Psychiatrie und Psychotherapie (und ganz nebenbei: auch in der christlichen Seelsorge) besser verständlich. Und doch: Die Kliniken und ihre Mitarbeiter dürfen sich nicht hinter psychologischem Jargon verstecken, sondern müssen sich der Kritik stellen. Nur so können sie lernen, besser für ihre Kranken zu sorgen.

Die Diagnose – ein Etikett?

Zweifel an der Psychiatrie werden häufig schon bei der Diagnose einer psychischen Erkrankung laut. „Wenn zehn Psychiater einen Patienten sehen, stellen sie zehn verschiedene Diagnosen", meinte vor kurzem ein junger Arzt. In der Tat wurden im Lauf der Zeit viele Bezeichnungen für die gleichen Zustandsbilder geprägt. Die Diagnose einer Depression kann vieles beinhalten, von der leichten Verstimmung nach einer Enttäuschung bis hin zur schweren depressiven Psychose.

Um so mehr ist eine genaue Abklärung eines Zustandes notwendig. *Um die richtige Behandlung einzuleiten, brauchen wir eine Diagnose.* Sie sollte ein Mittel der Verständigung sein, das dazu verhilft, die Natur und den Schweregrad einer Erkrankung abzuschätzen. Daraus lassen sich zum Teil wichtige Rückschlüsse auf den weiteren Verlauf ziehen.

Bei leichteren Depressionen reichen oft einfühlende seelsorgerliche Gespräche aus. Bei schwereren Formen ist auch eine medikamentöse Behandlung notwendig, die je nach Grundkrankheit verschieden zu erfolgen hat.

Die Diagnose dient also nicht der Etikettierung, sondern vielmehr der richtigen *Planung der Therapie.* Wenn dem Patienten geholfen werden soll, weniger unter dem Stigma einer Diagnose zu leiden, muß es das Anliegen des Arztes sein,

- möglichst klare und zurückhaltende Richtlinien für eine Diagnose zu verwenden,[17]
- eine Diagnose einfühlsam und schonend mitzuteilen,
- durch eine offene und umfassende Information mehr Verständnis für psychische Erkrankungen in der Bevölkerung zu wecken,
- vermehrt Hoffnung inmitten einer seelischen Krise aufzuzeigen, die die Möglichkeit zu einem Neubeginn sein kann.

Die Kliniken abschaffen?

Braucht man heute überhaupt noch Kliniken? Ist es nicht an der Zeit, die Anstalten abzuschaffen und neue Wege der Versorgung psychisch Kranker zu suchen? Diese Fragen werden sowohl von

Psychiatern als auch von kritischen Christen gestellt, allerdings aus ganz verschiedenen Motiven.

Der Ruf nach Abschaffung der Kliniken kam besonders in den 70er Jahren aus linken Psychiater-Kreisen in Italien. In der Tat waren die Zustände in den damaligen Anstalten haarsträubend und nicht mit der Schweiz oder Deutschland zu vergleichen. Damit wollte die Antipsychiatrie radikal Schluß machen. Das ganze System sei überholt, ein reines Unterdrückungsinstrument gegen die Abnormalen in der Gesellschaft. Schizophrenie müsse man austragen wie einen Schnupfen, forderte der damals führende Anti-Psychiater Dr. Basaglia.[18]

Und so wurde ein riesiges Experiment gemacht. Viele Kliniken in Italien wurden per Gesetz geschlossen, die Patienten nach Hause geschickt. Die Folgen waren teilweise verheerend: die meisten waren mit der plötzlichen Freiheit überfordert. Sie hatten niemanden mehr, der für sie sorgte. Ohne Behandlung kamen die quälenden Wahnideen wieder, viele wurden zu Pennern und Bettlern auf Italiens Straßen. Andere waren für ihre Angehörigen eine derartige Belastung, daß überforderte Eltern in den Selbstmord getrieben wurden. Bald wurde klar, daß das Gesetz versagt hatte.[19] Der fatale Persönlichkeitszerfall bei Langzeit-Patienten ließ sich nicht verhindern. Viele Patienten litten nach der „Befreiung" unter größerer Not als in der Klinik. Heute sucht man in Italien neue Wege zur Betreuung schwer psychisch Kranker.[20]

Die menschliche Behandlung psychisch schwer Kranker erfordert Orte, wo sie Zuflucht finden, eine ärztliche Beurteilung und Therapie erhalten und in manchen Fällen auch über längere Zeit gepflegt werden können. Die psychiatrische Klinik ist trotz aller Unvollkommenheiten der Ort, wo fachlich ausgebildetes Personal diese Aufgaben erfüllen kann.[21]

Verdrängung von Religion und Moral?

Ganz anders sind die Bedenken mancher Christen, die schlechte Erfahrungen mit psychiatrischen Kliniken gemacht haben. Sie kritisieren die moralischen und religiösen Maßstäbe der Klinik und ihrer Mitarbeiter. Oft werde ich gefragt: Wie kann die Klinik einem Menschen helfen, wenn sie seinen Glauben an Gott nicht miteinbezieht oder wenn sie Verhalten (vor allem in sexueller Hinsicht) zuläßt, das später wieder größte Spannungen in ihm verursacht?

Wie alle Institutionen, so sind auch psychiatrische Kliniken unvollkommen, geprägt durch das Verhalten der einzelnen Mitarbeiter und begrenzt durch mancherlei Sachzwänge. Doch darf man den Wert einer Klinik nicht an jenen eher seltenen Einzelfällen messen, in denen die Patienten mangelnden Respekt und mangelnde Fürsorge erfahren mußten. Es ist leider auch richtig, daß viele in der Psychiatrie Tätige keine persönliche Beziehung zu Gott haben und religiösen Äußerungen mit Unverständnis oder bestenfalls mit Toleranz gegenüberstehen.[22] Doch darf man nicht vergessen, daß nicht wenige Patienten beim Eintritt derart schwere Störungen haben, daß sie für Glaubensfragen kaum ansprechbar sind. Ihnen ist schon geholfen, wenn sie mit ihren Nöten angenommen werden und die nötige medikamentöse Behandlung erhalten.

Viele Menschen haben eine große Hemmschwelle zu überwinden, bis sie sich zum Eintritt in eine Klinik entschließen. Doch dann sind sie häufig überrascht, welch liebevolle Zuwendung sie dort erhalten und wie wohl ihnen der Aufenthalt tut.

Ich habe während meiner Tätigkeit in verschiedenen Kliniken der Schweiz viele Ärzte, Schwestern, Pfleger und Sozialarbeiter kennengelernt, die sich mit großem Engagement und Einfühlungsvermögen der Patienten angenommen haben, ohne ihre christlichen Überzeugungen zu verletzen. Wir dürfen sie nicht in den gleichen Topf mit unverantwortlichen Therapeuten werfen.

Manche Seelsorger sind aber durch einzelne Erlebnisse dermaßen enttäuscht, daß sie auch schwerkranke Patienten aus der Klinik herausnehmen, um ihnen anderweitig Hilfe zukommen zu lassen. Leider geschieht dies häufig zum Nachteil des Patienten und seiner Angehörigen. Oft wird er aufreibenden und fruchtlosen Bemühungen unterworfen, die das Leiden noch verschlimmern, ja ihn bis in den Selbstmord treiben können. Schließlich sieht man keine andere Möglichkeit mehr, als den Kranken wieder in die Klinik zu bringen.

Und hier besteht die Gefahr unverantwortlichen Handelns auf seiten christlicher Seelsorger. Dies wird in der Klinik nur schwer verstanden und führt zu neuen Vorurteilen gegenüber gläubigen Patienten und ihren Betreuern.

Seelsorge und Psychiatrie – Gegensatz oder Ergänzung?

Gibt es denn Möglichkeiten zur Zusammenarbeit? Ist eine fruchtbare Integration von moderner Psychiatrie und christlicher Seelsorge möglich? Dazu ist es notwendig, kurz zu definieren, was ich unter Seelsorge verstehe.

Seelsorge gibt Hilfe zur Lebensbewältigung auf der Grundlage biblischer Aussagen. Sie betont die Stellung des Menschen aus der Sicht der Bibel und geht von dieser Warte her die Probleme des Alltags an. Die Bibel gebraucht verschiedene Begriffe, die seelsorgerliches Handeln umschreiben. Besonders häufig ist das Wort „paraklesis" oder das Verb „parakaleo". Dies bedeutet auf deutsch *Zuspruch, Ermahnung, Ermunterung und Trost.* Und genau das ist es, was jeder Christ braucht, sei er nun psychisch gesund oder nervlich schwach. Während der eine eher die Ermahnung nötig hat, sein Leben zu verändern, braucht der andere den Trost und die Ermutigung inmitten seines Leidens.

Der Psychiater ist gerade in der Betreuung von gläubigen Menschen auf die Unterstützung durch den Seelsorger angewiesen. Ärzte und Seelsorger müssen sich zunehmend bewußt werden, daß sie beide mit den gleichen Schwierigkeiten und Nöten der Menschen konfrontiert werden. Kritik an der Psychiatrie genügt nicht. Gesucht sind Alternativen, die biblisch orientiert und fachlich fundiert sind. Es gilt, miteinander ins Gespräch zu kommen, um gegenseitige Vorurteile abzubauen und mehr Einsicht in die jeweiligen Probleme und Fragestellungen in Psychiatrie und Seelsorge zu bekommen. In diesem Sinne werde ich in den folgenden Kapiteln einen kurzen Abriß über das Menschenbild in der Psychotherapie und über das Wunder des Gehirns (und damit die Grundlagen der biologischen Psychiatrie) zu vermitteln versuchen.

Kapitel 2

Das Menschenbild in der Psychotherapie

Sicher kennen Sie die orientalische Fabel von den Blinden, die einen Elefanten beschreiben sollten. Rätselnd standen sie um den Koloß. Ihre Augen blickten ins Leere, doch mit ihren Händen konnten sie den Elefanten betasten. Schließlich versuchte jeder, das zu beschreiben, was er gespürt hatte. Der erste sagte: „Ein Elefant ist wie ein Speer." „Nein", rief ein anderer, „ein Elefant ist wie eine Schlange!" „Wie kannst du nur so einen Vergleich gebrauchen?" meinte ein dritter. „ Ein Elefant ist wie ein Baum." Und so ging der Streit weiter. Der vierte verglich den Elefanten mit einem Fächer, der ihm kühle Luft zuwedelte, der fünfte spürte eine Wand, und der letzte schließlich sprach von einem Seil.

Wie waren so unterschiedliche Beurteilungen möglich? Ganz einfach: Einer hatte die spitzen Stoßzähne gefühlt, der nächste den beweglichen Rüssel. Einer hatte die Beine umfaßt, der andere die Ohren betastet. Der fünfte schließlich hatte sich an den Bauch gelehnt, während der sechste den Schwanz in den Händen hielt.

Was aber war ihren Beobachtungen gemeinsam? Jeder hatte etwas Richtiges beschrieben, doch jeder hatte sich nur auf einen Körperteil beschränkt. So ähnlich erscheint oft auch die Beschreibung des Menschenbildes in der Psychotherapie.

Modelle der Psyche

Die meisten Forscher und Therapeuten beschreiben das, was sie in ihrer Arbeit mit ratsuchenden Menschen beobachtet und festgestellt haben. Und mehr noch als die Blinden in der Fabel sind sie darauf angewiesen, das komplexe Erscheinungsbild der menschlichen Psyche mit Bildern und Modellen zu beschreiben. Welche Bilder man wählt, hängt von der Perspektive ab, aus der man den Menschen betrachtet. Allzu häufig gelingt es nicht, genügend Abstand zu nehmen und ein möglichst umfassendes Bild vom Menschen zu zeichnen – sei es aus Kurzsichtigkeit oder aber aus Faszination über ein einmal erkanntes Detail.

Ich möchte vier Denkmodelle darstellen, die aus der Sicht der Psychotherapie die Betrachtung psychischer Probleme prägen.[1] Die medizinisch-wissenschaftliche Psychiatrie baut zudem auf die organisch-biochemische Betrachtungsweise des Menschen auf, die ich in einem eigenen Kapitel beschreiben werde (vgl. Kap. 3). Hier nun die vier Modelle im Überblick:

1. Analytisch-dynamisches Modell
2. Verhaltenstherapeutisch-moralisches Modell
3. Humanistisch-beziehungsorientiertes Modell
4. Mystisch-okkultes Modell

Es ist unmöglich, alle Verfahren eines Modells aufzuzählen und ihre Lehren bis in die feinsten Verästelungen zu beschreiben. Die Darstellung kann deshalb nur stichwortartig (und notgedrungen unvollständig) erfolgen. Eine gute Übersicht mit vielen Literaturhinweisen findet sich in dem Buch von Prof. H. Kind, „Psychotherapie und Psychotherapeuten“[2].

Ich werde kurz auf die *Ursachen für Probleme* eingehen, die vom jeweiligen Modell angegeben werden, und dann die entsprechenden *Lösungsansätze* betrachten. Dabei stellt man mit Erstaunen fest, daß auch *christliche Seelsorger* Anleihen bei den einzelnen Modellen gemacht haben, oft ohne sich dessen bewußt zu sein.

1. DAS ANALYTISCH-DYNAMISCHE MODELL

Wohl die bekannteste Form der Psychotherapie ist heute die *Psychoanalyse* oder Tiefenpsychologie. Begründet wurde sie um die Jahrhundertwende von Sigmund Freud. Der Wiener Nervenarzt ging davon aus, daß alle Vorgänge und Verhaltensweisen sich aus den früheren Erlebnissen und aus verdrängten Konflikten eines Menschen erklären lassen. Ziel der Behandlung ist die *Bewußtmachung* dieser verdrängten Inhalte.

Bei einer Psychoanalyse nach altem Muster mußten bis zu vier Gespräche pro Woche über mehrere Jahre hinweg geführt werden. Das kann sich kaum mehr jemand leisten. Heute ist es auch nicht mehr die Regel, daß man sich für eine analytische Behandlung auf eine Couch legen muß. Die Psychoanalyse hat seit Sigmund Freud eine erhebliche Weiterentwicklung durch verschiedenste Schulen erlebt. Sie alle bezeichnen ihr Vorgehen als „dynamisch" oder „tiefenpsychologisch" und legen die Betonung auf die persönliche Entwicklung und die (oft unbewußten) Motive eines Menschen. In ihrem Vorgehen und in ihren Aussagen sind sie jedoch recht unterschiedlich.

Eine analytische Behandlung ist in erster Linie bei leichteren psychischen Störungen angezeigt, denn vom Patienten wird einiges verlangt. Insbesondere sollte er motiviert sein, in langen Gesprächen sein Leben aufzurollen, Einsicht in die Zusammenhänge zu gewinnen und sich zu verändern. Tiefenpsychologische Therapie versteht sich als Reifungsprozeß, der den Patienten wieder arbeits-, liebes- und gemeinschaftsfähig machen soll.

Analytisches Denken hat viele populäre Bücher inspiriert. Eine besonders erfolgreiche Autorin ist *Alice Miller*, deren Bestseller den Titel „Das Drama des begabten Kindes und die Suche nach dem wahren Selbst"[3] trägt. Darin versucht sie zu zeigen, wie sehr die Eltern einen Menschen in seiner persönlichen Entwicklung behindern. Erziehung sei Bevormundung und Manipulation. Dadurch werde verhindert, daß ein Kind seine eigenen Bedürfnisse äußern und ausleben könne. Dies wiederum führe zu einer tiefen Angst, die aber verdrängt werden müsse, um die Liebe der Eltern nicht zu verlieren. Das Ziel ihrer Therapie ist es, die Verletzungen der Kindheit in der geschützten Atmosphäre der Analyse-Stunden noch einmal zu durchleben. Dann werde der Patient seine eigenen Reaktionen durchschauen und dem Leben nicht mehr – wie einst seinen Eltern – hilflos ausgeliefert sein.

Innere Heilung?

Wie alle Psychotherapien ist auch die Tiefenpsychologie abhängig vom Therapeuten, der sie praktiziert. Nicht alle zeichnen ein derart negatives Bild von den Eltern wie die oben erwähnte Analytikerin Alice Miller. Persönlich habe ich sehr feine Menschen mit einer analytischen Ausrichtung kennengelernt. Sie haben zwei Stärken, die mir besonders wichtig wurden: Sie gehen auf den Patienten ein und nehmen ihn in seinen Nöten ernst. Und sie haben Geduld: Weil sie sich bewußt sind, daß Veränderung Zeit braucht, drängen sie nicht auf sofortige Ergebnisse.

Doch ich habe auch Fragen. Halten wir einen Moment inne und überlegen wir, was in der analytischen Therapie gesagt wird. In kurzen Worten behauptet sie: *Weil* ein Mensch in der Kindheit schmerzliche Erfahrungen gemacht hat und *weil* er Gefühle verdrängt hat, *deshalb* leidet er beispielsweise unter Angst und Depression. *Wenn* er sich diese Erlebnisse bewußt macht, *dann* verliert er seine Schwierigkeiten.

Ähnliche Aussagen finden sich zunehmend auch in der christlichen Seelsorge. Die Schlagworte heißen: „Innere Heilung", „Heilung der Erinnerungen" oder „Heilung der Gefühle". Viele dieser Bücher sind sehr hilfreich und weisen darauf hin, daß ein Mensch die Verletzungen seiner Kindheit bei Gott ablegen darf. Im Gegensatz zur rein analytischen Therapie bietet der christliche Glaube die *Möglichkeit der Vergebung*, die weit hinausgeht über bloße Bewußtmachung schmerzlicher und verdrängter Erinnerungen. Und dieser Ansatz kann wirklich vieles heilen, wie dies eindringlich von dem bekannten Autor und Seelsorger Kurt Scherer belegt wird.[4] Tragisch wird es jedoch, wenn man zum Beispiel einem an Krebs im Endstadium erkrankten Pastor sagt, er könne nur deshalb nicht von seinem Leiden geheilt werden, weil er sich noch nicht alle Verletzungen in seinem Leben bewußt gemacht und sie bei Gott abgelegt habe.[5]

2. VERHALTENSTHERAPEUTISCH-MORALISCHES MODELL

In den 50er Jahren wurden viele Psychotherapeuten unzufrieden mit der Analyse. Jahrelang hatten sie versucht, die verborgenen Komplexe ihrer Patienten aufzudecken, ohne daß sich etwas veränderte. B. F. Skinner war einer der ersten, der eine radikale Wende einleitete. Die Beschäftigung mit der Kindheit sei sinnlos. Falsches Verhalten sei *angelernt* und könne deshalb auch wieder *wegtrainiert* werden. Im Laufe der Jahre entwickelte die *Verhaltenstherapie* Techniken, die ganz praktische Wege zum Umgang mit Angst[6] und Depression[7] aufzeigten. Es komme darauf an, das *Denken* und das *Verhalten* in einer Situation zu verändern.

Auch in der Seelsorge hat man erkannt, wie wichtig das Denken und das Verhalten für die Entstehung und Bewältigung von Problemen ist. Am bekanntesten ist wohl der Ansatz von *Jay Adams*[8], doch muß man sich seiner Grenzen bewußt sein. Die alleinige Betonung auf Glaubensgehorsam und Verantwortung mag für den „gewöhnlichen Sünder" hilfreich und heilend sein. Dort ist sie auch biblisch. Doch der seelisch schwerer leidende Christ wird dadurch nicht nur überfordert, sondern mit einem moralisierenden Seelsorgemodell konfrontiert, das neue Probleme schafft.

Dennoch ist die *Wiederentdeckung des Verhaltens und des Denkens* in der Seelsorge sehr wichtig. Die Bibel spricht nicht davon, ständig in der Vergangenheit herumzuwühlen, um menschliche Probleme zu verstehen. Sie geht davon aus, daß wir sündige und schwache Menschen sind, die jeden Tag neu Gottes Hilfe für die Bewältigung ihrer Schwierigkeiten brauchen. Immer wieder wird der Christ aufgefordert, sein altes Verhalten (die „Werke des Fleisches") *abzulegen* und „den neuen Menschen" *anzuziehen.*[9] Besondere Bedeutung wird in der Heiligen Schrift den *Gedanken* zugemessen.[10] Sie sind es, die das Verhalten und zum Teil auch die Gefühle bestimmen. Der Christ solle lernen, sich nach dem auszurichten, was „droben" ist [11] und seine Gedanken von Gottes Wort durchdringen lassen.[12]

Es gibt also Raum für eine *kognitive Verhaltenstherapie auf christlicher Basis.*[13] Wodurch unterscheidet sie sich von „weltlichen" Ansätzen, wie sie beispielsweise durch Albert Ellis[14] oder Arnold Lazarus[15] bekannt gemacht wurden? Der Unterschied liegt in der *Ausrichtung der Gedanken.* In der Verhaltenstherapie stehen die eigenen Anstrengungen im Mittelpunkt. „Selbsthilfe", „Selbstkontrolle", „Selbstsicherheit", „Selbstbefreiung" und „Selbstheilung" – so lauten die Schlagworte.

Auch christliche Seelsorge ruft zur Verantwortung und zur eigenen Mitarbeit auf. Der Glaube ohne Werke ist ja tot. Aber sie richtet den Menschen aus auf Gott und *seine* Richtlinien für das Leben. Gottes Wille und nicht nur die eigenen Kräfte und Interessen sollen die tragende Säule innerer Veränderung sein.

3. HUMANISTISCH-BEZIEHUNGSORIENTIERTES MODELL

Für viele Menschen ist die Verhaltenstherapie zu kopflastig, zu einseitig. Was nützt das beste Training und die reine Veränderung der Gedanken, wenn die Gefühle nicht mitspielen? Hier hakt die dritte große Bewegung in der Psychotherapie ein, nämlich die humanistische Schule.

Wie der Name besagt, stellt die *humanistische Psychotherapie* den Menschen in den Mittelpunkt. Seine Bedürfnisse sind der Maßstab für die Therapie.[16] Am bekanntesten wurde diese Therapie-Form durch den früheren Theologen Carl Rogers.[17] Das Grundproblem aller Menschen liege in ihren *gestörten Beziehungen* – zu sich selbst und andern. Was der Ratsuchende (der „Klient") brauche, sei unvoreingenommene, einfühlsame Anteilnahme durch den Therapeuten. Der Klient müsse spüren, daß er angenommen sei mit seiner ganzen Person. Einsicht in tiefere Zusammenhänge sei nicht notwendig; kritische Rückfragen an Fehlverhalten seien nicht angebracht. Die Beratung dürfe nicht das Ziel verfolgen, Anweisungen für das Leben zu geben, sie habe vielmehr „nicht-direktiv" zu sein. Sünde hat in diesem Konzept keinen Platz. In jedem Menschen schlummere die „Kraft des Guten"[18], die ihn zur *Selbstverwirklichung* befähige.

Im Gespräch bemüht sich der Therapeut, eine möglichst angenehme Atmosphäre zu schaffen. Der Berater versucht in neue Worte zu fassen, was der Klient erst andeutungsweise ausgedrückt hat. Die *Gefühle* stehen im Mittelpunkt. Sie geben dem Gespräch die Richtung. Wenn Gefühle bewußt erlebt werden können, dann werden Blockaden gelöst – der Ratsuchende findet Zugang zu seinen inneren Heilungskräften. Wenn er erst einmal eine warme Beziehung zu seinem Therapeuten erlebt hat, kann er auch warme erfüllte Beziehungen zu andern Menschen aufbauen. Dabei soll er sich ganz von seinen Empfindungen leiten lassen, ohne Rücksicht auf einschränkende moralische Maßstäbe der Gesellschaft oder des Glaubens.

Auf dieser Philosophie bauen auch humanistische Gruppentherapien auf. Hier finden viele Menschen die Geborgenheit, die sie draußen vermissen; die Annahme, die ihnen in der kalten Welt versagt ist. Die Gruppe wird zum Maßstab für ihr Handeln und Erleben. Dorthin können sie sich flüchten, wenn es in der realen Welt nicht mehr funktioniert. Dort finden sie Liebe, wenn die Ehe zerbrochen ist.

Selbstverwirklichung – eine Fata Morgana

Die gleißenden Verheißungen der humanistischen Psychologie haben seit den 60er Jahren Millionen angezogen und geprägt. Sie schüttelten die Fesseln persönlicher Verantwortung ab und ließen sich fortan von ihren Gefühlen leiten. Auf der Suche nach Selbstverwirklichung brachen sie die Brücken zu Familien, Freunden und Ehepartnern ab, um sich immer mehr in den Kokon ihres eigenen Ichs zu verspinnen.

Der Zürcher Psychiater, Prof. Jörg Willi beklagt: „Die narzißtische Wut, daß auch die Familie... nicht die Bedürfnisse nach Zuwendung, Zärtlichkeit, Verständnis und Selbstbestätigung befriedigt, veranlaßt Menschen, die Familie zu zerstören, um sich noch mehr auf sich selbst zurückzuziehen." [19] Es werde heute viel von der Schädigung der Umwelt gesprochen. Doch schlimmer noch sei die Zerrüttung der Beziehungen durch die Ideologie ungehemmter Selbstverwirklichung: „Der Mensch droht heute nicht nur an der Zerstörung seiner natürlichen Umwelt zugrunde zu gehen, sondern auch an der Zerstörung seiner elementarsten Gemeinschaftsstrukturen." [20]

Während verantwortungsbewußte Psychologen [21] und kritische Theologen [22] längst den Scherbenhaufen beklagen, den das humanistische Denken hinterlassen hat, hat sich diese Betonung tief in die kirchliche Seelsorge eingefressen. Selbst in manchen evangelikalen Kreisen wird das Evangelium der Jesus-Nachfolge zur Botschaft von der Selbst-Entfaltung umgebogen.[23]

Herausforderung an die Seelsorge

Doch dürfen wir die Ansätze der humanistischen Psychologie dermaßen in Bausch und Bogen verwerfen? Ist nicht Gruppendynamik viel hilfreicher als frühere Gemeinschaftsformen? Viele Menschen haben sich in einer Gruppe zum ersten Mal richtig angenommen gefühlt – viel mehr als von ihrem Seelsorger oder von ihrem Hauskreis. Sollen wir die Sehnsucht der Menschen nach Geborgenheit und Entfaltung ignorieren? Spricht denn nicht auch die Bibel von Liebe, Annahme und persönlichem Wachstum?

Ich meine, es gilt einmal mehr zu unterscheiden zwischen dem weltanschaulichen Inhalt einer Therapie und der Art, wie der einzelne Therapeut dem Ratsuchenden begegnet. Ich kenne persönlich Christen, die sich in Gesprächspsychotherapie ausgebildet haben, ohne die ganze Selbstverwirklichungs-Ideologie zu übernehmen. Und ich weiß auch von manchen nicht-christlichen Therapeuten, die gläubigen Klienten durch ihre liebevolle Annahme eine große Hilfe waren. Ich bin dankbar für ihre wertvolle Arbeit in der Begleitung schwieriger und leidender Menschen.

Bei allen Anfragen an ihre weltanschaulichen Grundlagen gibt die humanistische Psychologie auch wichtige Anstöße für die Seelsorge. Die Liebe darf in der Beratung nicht zu kurz kommen. Hier liegt eine *Herausforderung an den christlichen Seelsorger* und an die Kirchen. Die Angst vor schwer verständlichen Verhaltensweisen und die einseitige Suche nach Sünde oder okkulten Belastungen läßt den Seelsorger oft die grundlegendsten biblischen Regeln vergessen: Zuerst hören, dann reden. Der Ratsuchende muß die *Grundhaltung der Annahme und der Barmherzigkeit* spüren. Dies ermöglicht ihm, sich auch für Korrekturen zu öffnen, die in seinem Leben nötig sind.

Doch der christliche Glaube ist ganzheitlich: Liebe und persönliches Wachstum stehen nicht isoliert. Gottes Liebe zum Menschen soll die Liebe des Menschen zu Gott vertiefen. Echte Liebe äußert sich nicht im egoistischen Ausleben der eigenen Gefühle, sondern in Verantwortung gegenüber dem Nächsten. Gerade weil Gott unser tiefstes Verlangen nach Liebe stillen will[24], können wir eigene Wünsche zurückstellen. Er kann erfülltes Leben geben, auch wenn ein Mensch mit seinen psychischen und körperlichen Grenzen leben muß.

4. TRANSPERSONALE PSYCHOLOGIE: Therapie mit Mystik und Magie

Die Psychologie der Selbstverwirklichung hat sich weiterentwickelt. Ihre Gründerväter – Rogers, Maslow, Pearls, um nur einige zu nennen – verspürten immer mehr, daß ihr letztes Sehnen aus irdischen Quellen allein nicht gestillt werden konnte. Sie entdeckten ein neues Bedürfnis des Menschen, das ihnen nun zum obersten Ziel wurde: das *Bedürfnis nach geistigen Erfahrungen*. Der Weg, den sie einschlugen, wäre vor zwanzig Jahren noch unvorstellbar gewesen. Doch mittlerweile ist ihre Lehre im Zuge der New-Age-Bewegung nach der Psychoanalyse, der Verhaltenstherapie und der humanistischen Psychologie zur „vierten Kraft" in der Psychologie geworden.

„Die Magier sind wieder unter uns, die magische Welt wird wieder entdeckt", schreibt Dr. Lutz Müller in der angesehenen Zeitschrift *Psychologie heute*. „Magie und Mystik, Mythologie und Märchen, Meditation und Imagination, Traum und Phantasie, östliche und westliche Religion, Schamanismus, indianische Kulturen und Rituale, Parapsychologie und Okkultismus beschäftigen in den letzten zwanzig Jahren nicht nur ausgeflippte Außenseiter und Aussteiger, sondern in zunehmendem Maße auch Wissenschaftler..." [25]

Immer mehr Menschen sind enttäuscht von den langatmigen Selbstgesprächen beim Analytiker, den süßen Worten der Humanisten und den Stufenplänen der Verhaltenstherapeuten. Sie sehnen sich nach einem letzten Sinn des Lebens, nach Energiequellen jenseits ihres begrenzten Daseins. Doch sie suchen nicht im christlichen Glauben. Das neue Zauberwort heißt *transpersonale Psychologie*[26]. Sie sei „die Brücke zwischen Naturwissenschaft und Religion. Die Methode ist wissenschaftlich, das Ziel ist religiös." Der Psychologe müsse wieder zum Priester werden, „zum Begleiter, der seine Klienten zu Erfahrungen mit höheren Dimensionen hinführt" [27].

Ihr Ziel: das „transpersonale Erlebnis, daß Mensch, Natur und Kosmos zur Ganzheit verschmelzen" [28]. Es soll hinführen zur „Neubesinnung auf unseren kosmischen Ursprung". Davon erhoffen sich immer mehr Menschen die Überwindung ihrer Existenzängste und neues Selbstvertrauen. Hier erblicken sie das Heraufdämmern eines neuen Zeitalters: nicht nur „New Age" für die Welt, sondern Erweckung aus der Erstarrtheit ihrer eigenen Person. Energetische

Körper- und Seelen-Massage soll ihnen kosmische Kraft vermitteln. Hypnose und Meditation führen zur Bewußtseins-Erweiterung und zu neuen „spirituellen" Erfahrungen. Mit Pendel und Tarot-Karten, Horoskop und Kristallkugeln suchen sie Wegweisung für ihr Leben zu erhalten. Spiritistische Medien vermitteln ihnen Kontakt mit der Geisterwelt. Und Erlebnisse in der „Reinkarnationstherapie"[29] verhelfen ihnen zu neuem Verständnis für ihre gegenwärtigen Konflikte.

Für viele Christen wird es schwer sein, in der transpersonalen Psychologie irgend etwas Positives zu entdecken. Keines der vier Denkmodelle ist so deutlich als Ersatzreligion zu erkennen wie die transpersonale Psychologie. Bestenfalls kann man der Bewegung zugute halten, daß sie eine geistliche Dimension in die Psychotherapie eingebracht hat und das Religiöse im weitesten Sinne innerhalb der Psychologie zum Thema macht. Die Inhalte und Wege der transpersonalen Psychologie stehen christlichen Glaubensaussagen aber diametral entgegen.[30]

Fast möchte man meinen, es gebe bei diesem Modell keine Parallelen zu christlichen Ansätzen, so kraß ist die inhaltliche Abgrenzung vom christlichen Glauben. Und doch stehen manche Seelsorger in der Gefahr, psychische Probleme und Lebenskrisen vorschnell auf „negative Energien", „energiereiche Dämonen", „okkulte Belastungen" oder einfach auf „geistliche Blockaden" zurückzuführen, obwohl dieses Vokabular biblisch nicht begründbar ist. Seelsorge-Theorien dieser Art finden sich oft näher bei einem okkulten Mystizismus als bei den Aussagen der Bibel.

Manche werden mir entgegenhalten, daß man doch auch den geistlichen Anteil psychischer Erkrankungen und die Bedeutung okkulter Phänomene in ihrer Entstehung sehen müsse. Da diesen Fragen gerade im evangelikalen Raum, aber auch in katholischen Kreisen große Bedeutung beigemessen wird, werde ich bei der Beschreibung einzelner Krankheitsbilder versuchen, im Rahmen einer biblisch-ganzheitlichen Schau darauf einzugehen.

Das Gute behaltet

Wir haben nun vier Sichtweisen der *Psychotherapie* und ihre Überlegungen zum Krankheitsgeschehen betrachtet. Mir ist klar, daß man das Lebenswerk von vielen Therapeuten nicht auf wenigen Seiten würdigen und zusammenfassen kann. Doch hoffe ich, Ihnen einige Leitlinien zum besseren Verständnis psychotherapeutischer Denkweisen gegeben zu haben. Dabei war es mir ein besonderes Anliegen, aufzuzeigen,

- daß jedes Modell wichtige Wahrheiten ausspricht und
- daß eine Psychotherapie stark von der persönlichen Haltung eines Therapeuten abhängig ist.

Zugleich wurde aber deutlich, daß Psychotherapien, losgelöst von biblischen Grundanliegen, in der Gefahr stehen, zur Ersatzreligion zu werden. Schon 1946 schrieb der bekannte Theologe *Eduard Thurneysen*: „Die Seelsorge bedarf der Psychologie als einer Hilfswissenschaft, die der Erforschung der inneren Natur des Menschen dient und die diese Kenntnis vermitteln kann. Sie hat sich dabei kritisch abzugrenzen gegen ihr wesensfremde weltanschauliche Voraussetzungen, die mitlaufen und die das ihr eigene, aus der Heiligen Schrift erhobene Menschenverständnis beeinträchtigen könnten.“ [31] Deshalb war es auch notwendig, kritische Anfragen aus christlicher und psychiatrischer Sicht zu machen. Vielleicht sind sie ein Anstoß zum Überdenken von Therapie-Aussagen, die dem Leser zu einem umfassenderen Verständnis vom Menschen verhelfen. Die Bibel fordert uns auf: *„Prüfet alles und das Gute behaltet!“* [32] In diesem Sinne hat beispielsweise *Lawrence Crabb* in seinem Buch „Die Last des andern“ eine Zusammenstellung biblischer Prinzipien und ihrer Entsprechungen in psychologischen Konzepten dargestellt.[33] Eine aufmerksame Beobachtung des Menschen kann wichtige Aufschlüsse über sein Verhalten und die Ursachen seiner Störungen geben. Die Aufgabe des Christen besteht aber darin, die Schlußfolgerungen der Psychologie anhand der Bibel zu überprüfen, Brauchbares herauszusieben und dieses in eine ganzheitliche Schau des Glaubens einzuordnen. Der bekannte Philosoph Karl Jaspers hat einmal gesagt: „Die Psychotherapie braucht Glaubensgrundlagen, bringt diese aber selber nicht hervor. Daher ist für die Wahrhaftigkeit des Therapeuten notwendig, daß er erstens offen und bejahend wirklichem Glauben gegenüberstehen kann, zweitens, daß er der, wie die Erfahrung lehrt, fast unausweichlichen Neigung widersteht, aus der Psychotherapie eine weltanschauliche Lehre hervorgehen zu lassen.“ [34]

Im nächsten Kapitel möchte ich nun ein fünftes Denkmodell vorstellen, das für das Verständnis der modernen *Psychiatrie* unerläßlich ist. Es baut nicht auf tiefenpsychologischen und philosophischen Überlegungen, sondern auf medizinisch-wissenschaftlichen Forschungen auf. Es wird uns einführen in die wunderbare Welt der Schöpfung Gottes und in die neueren Entdeckungen über *die Rolle des Gehirns* bei der Entstehung psychischer Krankheiten. Die Wissenschaft kennt erst wenige Gänge im einzigartigen Labyrinth des Gehirns, doch bereits die vorhandenen Informationen eröffnen eine neue Sichtweise für bisher unerklärliche Störungen, die den Betreuern psychisch kranker Menschen begegnen.

Kapitel 3

Das Wunder des Gehirns

Das größte Wunder der Schöpfung ist das menschliche Gehirn. Das kleine Organ von nur 1500 Gramm Gewicht enthält mehr Nervenzellen, als es Menschen auf dieser Welt gibt, nämlich über 10000 Millionen – eine schier unvorstellbare Zahl.

Jede Nervenzelle ist wiederum durch Hunderte von kleinen Ausläufern mit anderen verbunden. Der Austausch von Informationen ist reger als der Telefonverkehr in einer geschäftigen Großstadt. Die Zahl der „Telefon-Anschlüsse" in einem einzigen Gehirn übertrifft die Zahl der Sterne in einer Galaxie. Mehr als 1000000000000 sollen es sein! Keine Rechenanlage und kein Kommunikationszentrum dieser Welt ist in der Lage, soviel Informationen auf so kleinem Raum zu speichern und auszutauschen, wie das menschliche Gehirn.

Kennen Sie Ihr Gehirn?

Die meisten Menschen sprechen so leichthin von ihren „kleinen grauen Zellen", ohne sich darüber Rechenschaft zu geben, was in diesen Zellen abläuft. Während Sie diese Zeilen lesen, erfüllt Ihr Gehirn gleichzeitig eine Vielzahl von höchst komplizierten Aufgaben. Mit feinsten Muskelbewegungen blättern Sie die Seiten um. Die Augenmuskeln sorgen dafür, daß Sie auch bei Bewegung und wechselndem Licht stets gleich gut und gestochen scharf sehen. Die Netzhaut tastet die Zeichen auf dem Papier ab und zerlegt sie in kleinste Punkte. Der Sehnerv leitet das Gesehene in einer „Impulssprache" an das Sehzentrum weiter, wo die Worte zu einem neuen Bild zusammengesetzt werden.

Doch das rein bildliche Erkennen der Worte reicht ja nicht aus. Im Sprachzentrum wird die Bedeutung der Worte abgeleitet, indem der Satz mit der bereits vorhandenen Information verglichen wird. Dieser Speicher ist riesengroß und enthält Zehntausende von Wörtern mit allen Nuancen möglicher Bedeutungen. Mehr noch: Viele Worte und Sätze rufen Gefühle in uns wach – positive und negative. Oftmals tauchen Bilder auf, die sich uns eingeprägt haben. Mit jedem Wort ist also ungeheuer viel an Information verbunden, die jederzeit in Sekundenbruchteilen abgerufen und damit bewußtgemacht werden kann.

Und so führt die Beschreibung einer scheinbar alltäglichen Leistung unseres Gehirns hinein in die Wunder der Informationsverarbeitung, des Gedächtnisses, des Bewußtseins und hinein in die Rätsel, die das Gehirn noch immer aufgibt. Selbst der bekannte Hirnforscher und Nobelpreisträger John Eccles bekennt: „Wir stehen immer noch am Anfang, das Mysterium zu begreifen, was wir sind.“ [1] Doch bereits das Wenige, das man weiß, ist wunderbar genug und füllt ganze Bibliotheken.

Gehirn und Psychiatrie

Die Kenntnis der Vorgänge im Gehirn hat neue Wege zum Verständnis und zur Behandlung psychiatrischer Krankheitsbilder eröffnet. Die biologische Psychiatrie hat seit der Einführung der Psychopharmaka vor 30 Jahren enormen Aufschwung erhalten. Und die Erfolge scheinen ihr recht zu geben. Die Medikamente haben die Psychiatrie verändert. In der Schweiz konnten allein in den letzten 20 Jahren rund 25 Prozent der Psychiatrie-Betten abgebaut werden. [2] In der Bundesrepublik Deutschland wurden 1931 noch 155 000 Menschen während durchschnittlich 300 Tagen in einer psychiatrischen Klinik behandelt, 1983 nur noch 85 000 während durchschnittlich 125 Tagen, was einer Abnahme der Bettenbelegung um über 70 Prozent entspricht! [3] Viele Patienten, die früher ständig in der Klinik bleiben mußten, können heute dank Medikamenten zu Hause leben.

Wenn wir schwere psychische Krankheiten besser verstehen wollen, müssen wir uns mit dem Wunder des Gehirns befassen – eine schier unmögliche Aufgabe in einem Buch, das zugleich allgemeinverständlich bleiben soll. Oft werde ich deshalb Vereinfachungen und Bilder gebrauchen müssen, um die Zusammenhänge klarer zu machen.[4]

Die modernen Kenntnisse des Gehirns haben die Grenzen zwischen „organischen“ und „seelischen“ Krankheiten fließend gemacht. Früher erkannte man – besonders in der Seelsorgeliteratur, aber auch in psychoanalytischen Kreisen – nur Verletzungen und Verkalkungen im Gehirn als „organische“ Störung an.

Diese Betrachtung ähnelt der Untersuchung einer defekten Telefonzentrale, bei der man nur auf verklemmte Schalter und oxydierte Drähte achtete. Doch wir wissen, daß die wahre Leistung einer Telefonzentrale in den Verbindungen liegt. Und die kann man nicht durch bloßes Feststellen der vorhandenen Bestandteile beurteilen. Genauso ist es im Gehirn. Heute erkennt man, daß es nicht nur auf die Menge der „grauen Zellen“ ankommt, sondern darauf, wie sie Informationen miteinander austauschen.

Eine Landkarte des Gehirns

Wo wird die Bewegung der Arme und der Beine gesteuert? Wo hat das Gedächtnis seinen Sitz? In welchem Teil des Gehirns verarbeiten wir die Klänge eines rauschenden Orgelpräludiums und wo die Farben einer Sommerwiese? Welches Gebiet steuert unsere Sprache? Und welches Zentrum sagt uns, daß wir Hunger, Durst oder Müdigkeit verspüren?

Die Antworten auf diese Fragen stammen aus einer Fülle tragischer Ereignisse. Sie wurden gewonnen aus der Beobachtung von Menschen, die an den Folgen einer Hirnschädigung durch einen Unfall oder einen Tumor litten. Bei ihnen zeigte sich, welche Funktionen ausfielen, wenn jemand beispielsweise an der rechten Schläfe verletzt wurde. So konnte mit den Jahren eine Karte des Gehirns erstellt werden. Eine grobe Übersicht geben die Abbildungen 3-1 und 3-2, wobei die Beschreibungen in den Fachbüchern sehr viel detaillierter sind. Doch selbst die ausführlichsten Darstellungen sind etwa so genau wie eine Weltkarte, auf der man vergeblich die Straßen einer Stadt suchen wird.

Abbildung 3-1: Schematische Darstellung des Gehirns

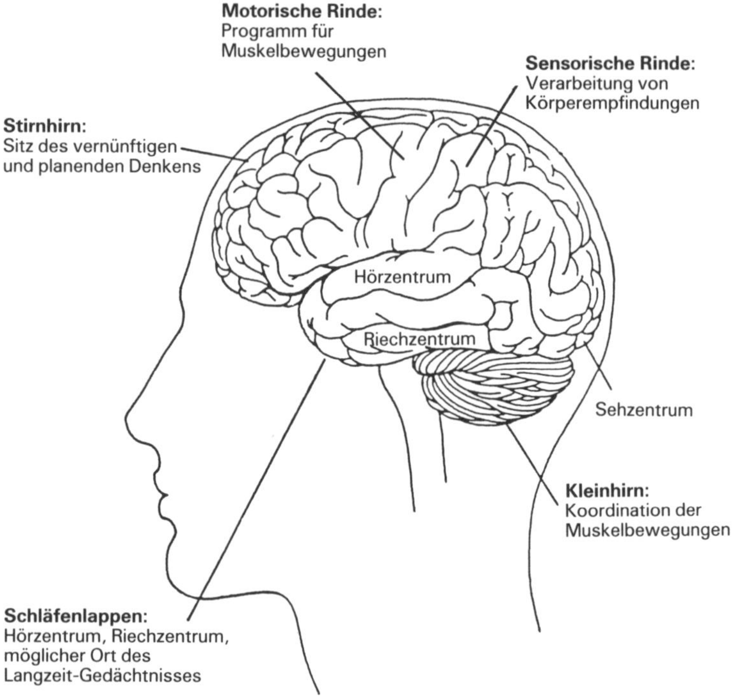

Auf der Suche nach der Persönlichkeit

Als Wolfgang* zum ersten Mal nach seinem schweren Motorradunfall wieder in die Jugendgruppe kam, freuten sich alle mit ihm. „Was, du warst wirklich vier Wochen bewußtlos?! Dir sieht man ja gar nichts an!" sagten seine Freunde. Immer wieder mußte er ihnen die Narbe über seiner Stirn zeigen, sonst aber fehlte ihm nichts. Ja, Wolfgang konnte alles bewegen und war sportlich wie zuvor. Und doch hatte sich etwas verändert. Was es genau war, konnte anfänglich keiner so recht sagen.

* Namen und Umstände wurden in allen Beispielen verändert.

Abbildung 3-2: Querschnitt durch das Gehirn

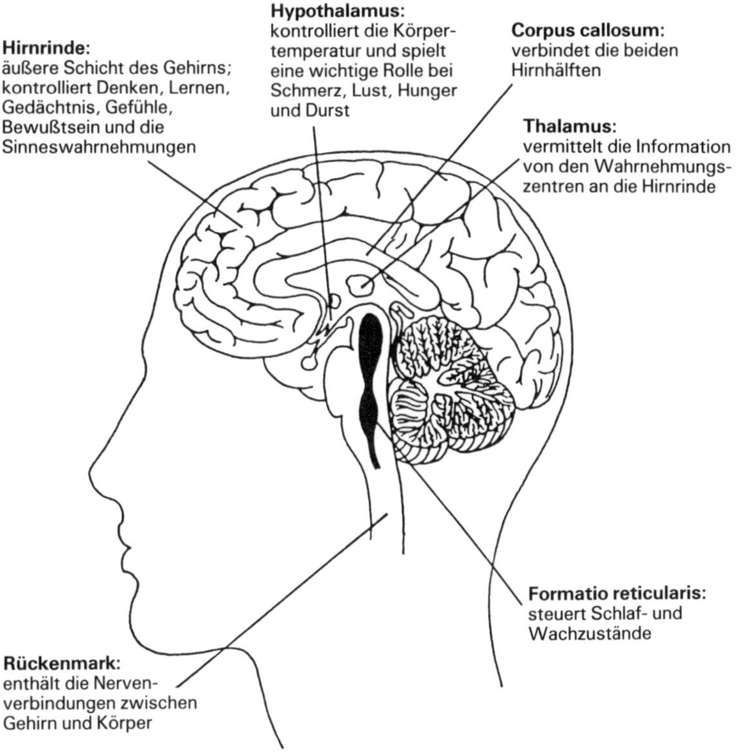

Der zuvor so unternehmungslustige junge Mann war stiller und weniger fröhlich. Seine Arbeit machte er gut, doch manchmal lief er mittendrin davon, um sein Pausenbrot zu essen. Wurde er zurechtgewiesen, so reagierte er übermäßig gekränkt und brach in Tränen aus. Doch nur fünf Minuten später umarmte er seinen Chef mit überschwenglichen Worten. Ähnlich verhielt er sich in der Jugendgruppe. Früher war der Glaube für ihn sehr wichtig, jetzt schien er oft gleichgültig. Mädchen gegenüber wurde er distanzlos und zudringlich. Ermahnte man ihn, so tat ihm sein Verhalten leid, doch schon nach kurzer Zeit schien wieder alles vergessen.

Wolfgang hatte eine Verletzung des Stirnhirns erlitten, das Verbindung zu allen Teilen des Gehirns hat und ihre Aufgaben koordiniert. Es scheint, daß sich hier eine Zentrale befindet, die das Denken, das Verhalten und die Gefühle steuert.

Die Entdeckung dieser Tatsache zu Beginn der dreißiger Jahre ließ bei vielen Wissenschaftlern die Hoffnung aufkommen, sie hätten endlich den Sitz der Persönlichkeit, ja der Seele gefunden. Durch Gehirnoperationen wurde versucht, den Menschen zu verändern, doch die Ergebnisse waren eher enttäuschend.[5] Heute werden derartige Eingriffe nur noch in seltenen Fällen von schweren Aggressionen und Epilepsien durchgeführt, wo alle anderen Maßnahmen versagt haben.

Die Welt der Hirnzellen

Die Wissenschaft hat sich seither der Erforschung der Vorgänge in den Zellen selbst zugewandt. Jede Nervenzelle ist eine Welt für sich, komplex wie ein Computer. In einer Vielzahl von „Organellen" werden hochspezialisierte biochemische Stoffe hergestellt, die für das richtige Funktionieren des Gehirns von höchster Wichtigkeit sind. Sie können Daten speichern und bestimmen, welche Impulse an andere Zellen weitergegeben werden.

Über ein fein verästeltes Geflecht Hunderter Fortsätze ist nämlich jede Zelle mit den benachbarten Zellen verbunden. Diese geben entweder erregende oder aber dämpfende, hemmende Impulse weiter.

Man könnte vereinfacht von Brems- und Gaspedalen sprechen. Doch stellen Sie sich ein Auto vor, das von hundert Gas- und Bremspedalen bedient würde. Da braucht man ja einen Computer, der herausfindet, ob und wie sich das Auto bewegen soll! Und genau das passiert eben in jeder Nervenzelle zig-mal pro Sekunde! Überwiegen die erregenden Reize, so beginnt sie selbst über ihre Nervenfasern ein Staccato von Impulsen abzufeuern. Überwiegen die hemmenden Signale, so wird sie ruhiger.

Das Wunder der Synapse

Früher stellte man sich das Gehirn als großes elektrisches System vor. Mit Hilfe von Hirnstromkurven (EEG) konnte man die „Störsender" im Gehirn von Epileptikern feststellen, die zu den unkontrollierbaren Muskelzuckungen eines Anfalls führten. Es ließ sich auch nachweisen, daß ein Impuls als schwacher Strom entlang der Nervenfasern weitergeleitet wurde. Wie aber konnte das Signal an die nächste Zelle weitergegeben werden?

Untersuchungen mit dem Elektronenmikroskop zeigten, daß sich am Ende jeder Nervenfaser jeweils eine knospenartige Verdikkung befand. Von der Membran der andern Zelle war sie durch einen feinen Spalt getrennt. Diese Knospe nannte man Synapse.

So wunderbar ist diese kleine, unscheinbare Verdickung geschaffen, daß die Synapse bald ins Zentrum der weltweiten Hirnforschung rückte. Abbildung 3-3 zeigt die schematische Darstellung einer Synapse.

Abbildung 3-3: Die Synapse

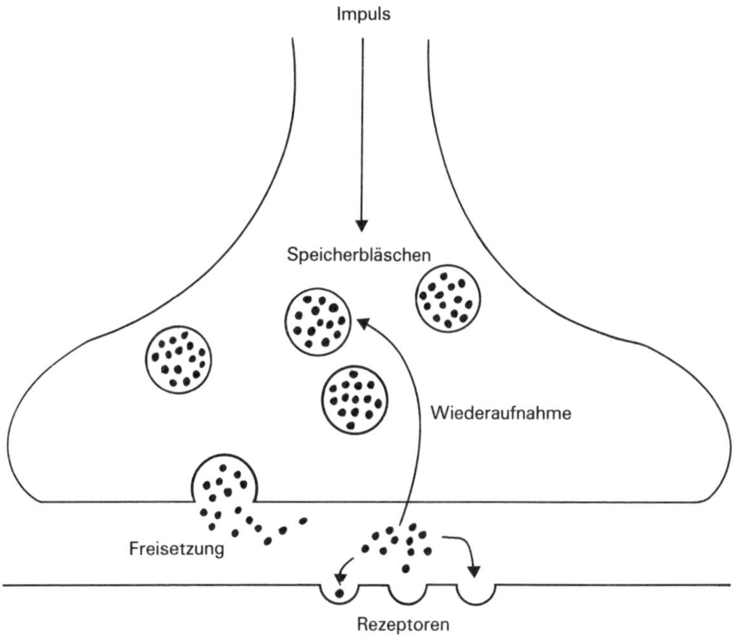

In den kleinen Bläschen sind ständig biochemische Stoffe vorrätig. Ein ankommender Nervenimpuls führt zur Entleerung dieser Bläschen in den synaptischen Spalt hinein. Die darin enthaltenen Stoffe wirken ähnlich wie Hormone. Sie sind also die eigentlichen Überträger- oder Botenstoffe zwischen den Nervenzellen. Deshalb nennt man sie auch „Neurotransmitter". Diese Neurotransmitter können ganz spezielle Informationen an die nächste Zelle weitergeben. Sie wirken wie ein Schlüssel, der nur in ein bestimmtes Schloß paßt. Dies bedingt aber, daß an der Membran der gegenüberliegenden Zelle auch ein solches Schloß, ein „Rezeptor", vorhanden ist. Das Zusammenspiel von Transmitter und Rezeptor wird durch eine ganze Reihe von weiteren Stoffen (Neuromodulatoren, Enzyme) geregelt. Der genaue Code konnte von der Wissenschaft bisher nur sehr unvollkommen entschlüsselt werden. Dennoch gelangen den Forschern schon einige aufsehenerregende Entdeckungen.[6]

Valium – ein künstlicher Neurotransmitter

Es ist schon lange bekannt, daß nicht alle Menschen Schmerzen im gleichen Ausmaß empfinden. Ein Freund erzählte mir ein eindrückliches Bergsteiger-Erlebnis. Er befand sich in einer steilen Wand. Ein Gewitter zog auf. Die Zeit drängte. Mit voller Kraft schlug er die Haken in den Granit, um zum Gipfel zu gelangen. Oben angekommen, bemerkte er ein eigenartiges Ziehen in seinem Daumen und sah zu seinem Erschrecken, daß er ganz blau und blutig gequetscht war. Doch er hatte während des langen Aufstiegs keinen Schmerz verspürt. Wie war das möglich?

Die Neurotransmitter geben uns die Erklärung. Heute kennt man verschiedene Stoffe im Gehirn, „Endorphine" oder „Enkephaline" genannt, die eine ausgeprägt schmerzhemmende Wirkung entfalten. Manche Enkephaline wirken beruhigend, andere können Angst auslösen. Einem Forschungsteam in Basel gelang es nachzuweisen, daß es im Gehirn Rezeptoren gibt, an die sich das weitverbreitete Beruhigungsmittel Valium bindet.[7] Daraus läßt sich schließen, daß es im Gehirn körpereigene Stoffe geben muß, die wie Valium eine beruhigende Wirkung ausüben. Umgekehrt ist es auch möglich, daß Valium verhindert, daß sich angstauslösende Stoffe an diesen Rezeptor binden.[8]

Eines ist sicher: biochemische Stoffe spielen eine wichtige Rolle bei unseren Gefühlen, sei es nun panische Angst oder wohlige Entspannung, nervöse Unruhe oder innere Gelassenheit.

Doch der schnelle Griff zur Beruhigungspille kann eine gefährliche Abkürzung zum inneren Frieden werden. Der Mensch wird zwar ruhiger, aber er lernt nicht mehr, an den Widrigkeiten des Lebens zu wachsen. Andererseits darf man nicht verhehlen, daß auch Christen in eine Krise geraten können, wo das Nervensystem in einem derartigen Aufruhr ist, daß das „Furioso" der erregenden Angststoffe das „Piano" der beruhigenden Neurotransmitter bei weitem übertönt. Die Folge: der Betroffene ist nervös, ängstlich, angespannt und schlaflos. Auch die verzweifelten Hilfeschreie im Gebet mildern nicht die quälende Angst und bringen nicht den ersehnten Schlaf.

Hier ist der verantwortungsvolle Einsatz von beruhigenden und antidepressiven Mitteln auch im Rahmen einer christlich verstandenen Psychiatrie gerechtfertigt. Ja, die Mittel können sogar den Weg ebnen, daß ein Mensch wieder soweit zur Ruhe kommt, daß er neu auf Gottes Reden hören kann. Dabei muß natürlich auch aufgezeigt werden, wo er selbst zu seinen Spannungen beiträgt und wo er einen ungesunden Lebensrhythmus hat.

Das vegetative Nervensystem

Gefühle spielen sich nicht nur im Kopf ab. Angst ist nicht nur ein Gedanke, Depression nicht nur ein Blick durch die dunkle Brille. Oft sagt die Körpersprache mehr, als ein Mensch mit Worten ausdrücken kann. Diese Beobachtungen sind uralt, wurden aber in unserem Jahrhundert durch die Psychosomatik neu aufgegriffen und wissenschaftlich erforscht.[9]

Unsere Sprache ist reich an Bildern, die die Beziehung zwischen Leib und Seele ausdrücken:

- Man zerbricht sich den Kopf über ein Problem, denn es liegt einem etwas auf dem Magen.
- Das Herz wird einem schwer, und die Trauer schnürt einem die Kehle zu.
- Die Angst sitzt einem im Nacken, und man bekommt kalte Füße.

Solche Redensarten sind nicht nur blumige Gefühlsbeschreibungen. Sie sagen etwas aus über die Verbindung zwischen dem Gehirn und dem Körper. In den vergangenen Jahrzehnten gelang es der Hirnforschung, den Schleier über der Psychosomatik etwas zu lüften. Es ist ja allgemein bekannt, daß jeder Mensch über zwei Nervensysteme verfügt:

- das willkürliche, mit dem er die Bewegungen seiner Muskeln steuert, und
- das unwillkürliche oder vegetative Nervensystem.

Mit feinsten Fasern durchwebt es alle unsere inneren Organe und begleitet jedes auch noch so kleine Blutgefäß. Dabei wird es durch verschiedenste Hormone (Neuropeptide) unterstützt. Man kennt heute Dutzende von Botenstoffen, die allein die Verdauung regulieren. Ein neu entdecktes Hormon kann in kleinsten Mengen den Appetit massiv unterdrücken und spielt wahrscheinlich eine Rolle bei der Magersucht. [10] Andere verändern die Körpertemperatur, die Atmung oder die Herztätigkeit. [11]

Diese Stoffe werden in jener zentralen Region des Gehirns ausgeschüttet, wo man auch den Sitz der Gefühle vermutet, im Thalamus und Hypothalamus. Und man weiß heute, daß sie in engem Zusammenhang mit den Enkephalinen stehen. So wundert es nicht mehr, daß psychische Verstimmungen häufig zu Alarmsignalen im vegetativen Nervensystem führen – zu Herzklopfen, Atembeklemmung, Hitzewellen und Kältegefühlen, Verstopfung oder Appetitlosigkeit. Streß bringt das ganze vegetative Nervensystem in Aufruhr. Und dieses „Sirenengeheul“ in den Organen verstärkt wiederum Angst und Depression in einem fatalen psychosomatischen Kreislauf und führt die Patienten oft zum ersten Mal zum Arzt, der dann von einer „vegetativen Dystonie“ spricht.

Das Gehirn – ein Computer?

Wir haben nun einige Geheimnisse des Gehirns kennengelernt: die Nervenzellen, die Synapsen, die Neurotransmitter, das vegetative Nervensystem. Doch was macht diese Anhäufung von Zellen und biochemischen Stoffen zu einem menschlichen Gehirn? Erst das Zusammenspiel von Millionen Hirnzellen ermöglicht ja unser Denken, Fühlen und Verhalten.

Ich will es gleich zugeben: Wie das Gehirn im einzelnen geschaltet wird, ist uns bis heute verborgen. Unser Wissen kann auch nicht beliebig vermehrt werden, denn jeder Eingriff würde diese feinsten Strukturen zerstören. Und doch haben wir in groben Zügen eine Vorstellung von wichtigen Vorgängen im Gehirn, die besser erahnen lassen, weshalb es zu schweren Störungen im Rahmen von psychiatrischen Krankheiten kommen kann.

Zur Illustration möchte ich kurz ein hirn-biologisches Computermodell vorstellen. Es geht mir dabei nicht darum, den menschlichen Geist auf eine einfache Maschine zu reduzieren. Das wäre dumm und vermessen. Die neueren Erkenntnisse der Hirnforschung [12] zeigen aber, daß sich manche Aufgaben des Gehirns ähnlich wie beim Computer stellen, so zum Beispiel

- Informations-Wahrnehmung (durch die Sinnesorgane)
- Informations-Deutung („Ist das glänzende Ding am Boden eine Scherbe oder eine Münze?“)
- Informations-Speicherung (Gedächtnis)
- Informations-Abruf (z. B. Wissen bei einer Prüfung)
- Informations-Anwendung (z. B. einen Pullover nach einem Muster stricken)

Durch dieses Modell lassen sich manche Störungen wie z. B. die Schizophrenie besser verstehen (vgl. Kap. 9 bis 11). Sie verlieren dadurch die Aura des Unheimlichen und Dämonischen, um einer barmherzigeren Sichtweise Platz zu machen, durch die echte Hilfe erst möglich wird.

Die Anliegen einer biblischen Seelsorge müssen durch diese Betrachtungsweise nicht geschmälert werden. Gott hat unser Gehirn viel wunderbarer und komplizierter gemacht, als es ein Computer je sein wird. *Wie* das Gehirn Informationen verarbeitet – das ist ähnlich wie das Betriebsprogramm beim Computer, und das kann auch einmal gestört und verzerrt werden. *Welche* Informationen aber sein Denken und Handeln bestimmen – das leitet sich aus der Lebensgeschichte und aus der inneren Haltung eines Menschen ab.

Geist oder Gehirn?

Welchen Stellenwert hat nun das Gehirn für das christliche Menschenbild? Macht die moderne Hirnforschung die Seele überflüssig?

Wie lassen sich die Erfolge der biologischen Psychiatrie in Einklang bringen mit geistlichen Anliegen? Wo bleibt die Bedeutung des Geistes und der Seele, wenn doch das Gehirn die Schaltzentrale des Menschen ist?

Für manche liegt der Schluß nahe, den Menschen nur noch als rein organisches Wesen zu sehen, gesteuert von einem immens komplexen Computer, dem Gehirn. Mit dem Fortschritt der Hirnforschung, so meinen sie, werde man menschliches Verhalten und seine Störungen immer besser verstehen und behandeln können.

Der seriöse Wissenschaftler hingegen ist sich der Vorläufigkeit seines Wissens bewußt. „Unser Wissen ist Stückwerk" – dieser Satz des Apostels Paulus gilt auch für das 20. Jahrhundert. Die Ergebnisse der Hirnforschung haben uns zwar etwas vom wunderbaren Bau und der komplexen Funktion des Gehirns gezeigt, doch voreilige Schlußfolgerungen über die Natur des Menschen wären verfrüht.[13]

Für mich besteht deshalb kein Widerspruch zwischen den Erkenntnissen der Gehirnbiologie und den Aussagen der Bibel über das Wesen des Menschen. Geist oder Gehirn? Diese Frage ist so komplex wie die Frage nach dem Wesen einer Symphonie. Was macht ihre Einzigartigkeit aus: die Bauweise der Instrumente oder die Noten der Partitur? Die Druckerschwärze auf den Notenblättern oder die Klangschwingungen? Beides ist doch notwendig, um die herrlichen Klänge eines Konzerts zu erleben.

So ist es mit dem menschlichen Geist[14]. Wohl braucht er das Instrument des Gehirns, um sich anderen mitzuteilen. Doch der Geist an sich ist ewig, jenseits materieller Bindungen. Die Persönlichkeit ist wie eine Symphonie. Die Frage ist: Wer schreibt die Partitur eines Lebens? Wen läßt der Mensch in die Saiten seiner Instrumente greifen?

Doch der Klang einer Symphonie ist nicht nur abhängig von den virtuosen Fähigkeiten der Musiker, sondern auch von der Beschaffenheit ihrer Instrumente. Denn Instrumente sind vergänglich: sie können sich verstimmen, verziehen oder gar zerbrechen. Nicht immer lassen sie sich reparieren.

Und hier sind der Symphonie unseres Lebens Grenzen gesetzt. Hier zeigt sich auch die Bedeutung des Menschenbildes. Für ein Orchester sind beschädigte Instrumente wertlos und störend. Für den Materialisten hört mit dem Verlöschen der Gehirnfunktion alles auf, und für die Gesellschaft der Starken sind die Schwachen nebensächlich und hinderlich. Vor Gott aber hat auch eine zerbrochene Harfe mit hängenden Saiten ihren ewigen Wert.

Kapitel 4

Wie entstehen psychische Störungen?

Wie entstehen eigentlich seelische Schwierigkeiten? Gibt es eine Gesamtschau, ein umfassendes Modell für die Entstehung psychischer Probleme? Kann man Erklärungsmodelle entwickeln, die zum Verständnis psychisch leidender Menschen beitragen und zugleich der Wirklichkeit des Lebens gerecht werden? Gibt es ein biblisches Menschenbild, das nicht nur Fehlverhalten erklärt, sondern auch auf schwere Krankheitsbilder anwendbar ist?

Diese Fragen haben mich in den vergangenen Jahren sehr beschäftigt. Während psychotherapeutische Modelle zwar Erklärungen für leichtere Störungen geben, lassen sie sich häufig nicht auf schwere psychiatrische Zustandsbilder anwenden. Die biologische Psychiatrie wird dagegen häufig den persönlichen Nöten und Fragen eines Menschen nicht gerecht.

Im folgenden möchte ich ein einfaches Modell der Entstehung psychischer Erkrankungen vorstellen, das sowohl fachlich fundiert als auch biblisch orientiert ist. Es handelt sich dabei nicht um grundlegend neue Erkenntnisse, sondern vielmehr um ein didaktisches Modell, das Bekanntes neu zusammenzufassen sucht. Manches wird dem Leser bekannt sein, anderes ungewohnt. Lassen Sie sich dadurch nicht abhalten, meinen Gedankengängen zu folgen.

Im Schema auf Seite 56 werden drei wichtige Gebiete dargestellt, die das Auftreten einer psychischen Störung begünstigen. In der Vergangenheit wurden häufig einzelne Segmente des Kreises einseitig hervorgehoben und zur Ursache aller psychischen Störungen erklärt. Heute erkennt man zunehmend: *Alle diese Faktoren sind miteinander verbunden und beeinflussen sich gegenseitig*. Ich habe zwei Begriffsebenen gewählt:

1. *Überbegriffe*, wie sie in unserer Sprache und Kultur üblich sind, also „Anlage", „Umwelt" und „Reaktion".

2. *biblische Begriffe*, die diesen drei Gebieten entsprechen, also „Schwachheit", „Trübsal, Anfechtung und Last" sowie „Wandel und Gesinnung".

Abbildung 4-1: Die Bausteine des Modells

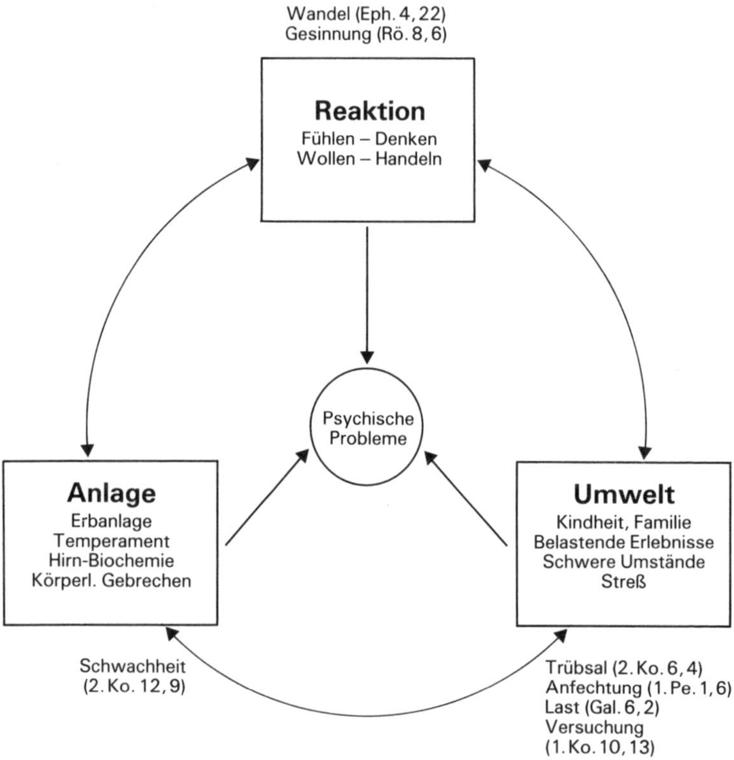

Auf den folgenden Seiten wird die Bedeutung der einzelnen Gebiete aus medizinischer und biblischer Sicht betrachtet. Daraus entsteht allmählich ein Mosaik, das die Entstehung psychischer Erkrankungen besser verständlich machen soll. Dabei handelt es sich um ein grundlegendes, sehr umfassendes Modell, das nicht nur Erklärungen für *schwere Erkrankungen* bringt, bei denen die Bedeutung der Anlage und des Gehirns im Vordergrund steht. Es gibt auch Hinweise auf die Entstehung *leichterer Störungen*, die in diesem Buch nur am Rande zur Sprache kommen sollen.

Die Betonung liegt notgedrungen auf den negativen Ursachen der Störungen, die schließlich eine psychiatrische Behandlung notwendig machen. Doch dürfen Seelsorger und Psychiater nie vergessen, daß jeder Mensch auch „Ressourcen" hat, also Möglichkeiten zur besseren Bewältigung seiner Schwierigkeiten.

Die Fragestellung in Psychiatrie und Seelsorge lautete häufig: „Wie kommt es dazu, daß ein Mensch so gestört ist, und wie kann er geheilt werden?" (kausal-therapeutisch). Ich möchte dafür plädieren, wieder zu fragen: „Wie wird es möglich, daß ein Mensch trotz seiner Schwachheit und seiner Lasten das Leben bewältigen kann?" (final-rehabilitativ).

Selbst Menschen mit schweren Geisteskrankheiten haben noch gesunde Anteile, die es neu zu entdecken und zu fördern gilt, soweit dies möglich ist. Ich werde im Verlauf dieses Buches immer wieder versuchen, Hinweise auf die vorhandenen Ressourcen zu geben, die der Seelsorger in der Betreuung psychisch Leidender nutzen und fördern kann. Doch bedarf es zunächst einer Bestandesaufnahme derjenigen Faktoren, die schließlich zu psychischen Problemen führen.

1. ANLAGE: DER STOFF, AUS DEM WIR SIND

„Ich kann gar nicht verstehen, daß ich so schwach bin", klagt Frau Klermann. „Schon als Kind habe ich gerne für mich allein gespielt. Mit meinen Puppen konnte ich mich am besten unterhalten. Ich hatte liebe Eltern, daran liegt es nicht. Ich war einfach nicht so robust wie meine Geschwister. In der Schule hatte ich Mühe beim Turnen, weil meine linke Hand von Geburt an gelähmt ist. Während der Pubertät war ich oft traurig und konnte erst nach Mitternacht einschlafen. Dabei hätte ich keinen Grund gehabt. Meine Mutter war auch eine eher empfindsame Frau. Wenn wir Kinder es zu toll trieben, hat sie schnell einmal geweint.

Manchmal möchte ich so leistungsfähig sein wie andere Frauen. Aber wenn ich nicht genug schlafe, dann beginnt in mir alles zu zittern. Mein Magen krampft sich zusammen, und ich kann kaum etwas essen. Ich habe oft schreckliche Migräne – seit diesem Sturz mit dem Mofa. Ich habe schon viele Stärkungsmittel ausprobiert, doch sie haben kaum genützt. Ich kann gerade meine Arbeit bewältigen, zu mehr reicht es nicht."

Frau Klermann konsultierte den Psychiater während einer Depression nach der Geburt ihres zweiten Kindes. Was kann man aus diesen wenigen Sätzen heraushören? Welche Hinweise gab sie auf die Entstehung ihrer Depression?

Betrachten Sie bitte noch einmal das Modell auf Seite 56. Der Schwerpunkt bei der Krankheitsgeschichte von Frau Klermann liegt weniger auf ihrer *Reaktion* (ihren Gedanken und Handlungen), sondern offensichtlich bei der *Anlage* und bei der *Umwelt* (die Geburt eines Kindes bringt einige Umstellungen mit sich, die nicht immer leicht zu verkraften sind).

Betrachtet man zuerst einmal die *Anlage* (oder *Disposition*) der Patientin, so läßt sich diese in vier Bereiche einteilen:

a) Erbanlage
b) Geburtsschäden
c) körperliche Gebrechen und vegetative Reaktionen
d) Temperament

Viele körperliche und psychische Schwachheiten werden *vererbt*. Immer wieder läßt sich beobachten, daß bereits die Vorfahren eines Patienten ähnliche Schwierigkeiten hatten wie er selbst. Die wichtigsten psychischen Krankheiten, Schizophrenie und endogene Depression, lassen sich häufig (allerdings nicht immer) bei Vorfahren und Angehörigen einer betroffenen Person finden. Dies ließ sich durch Studien an Zwillingen und Adoptivkindern vielfach nachweisen.[1] Mehr noch: bei einzelnen Gehirn-Krankheiten, wie z.B. bei der Alzheimer'schen Krankheit, fand man sogar die genauen Stellen im Erbmaterial, die zum fatalen Abbau des Gehirns führen.[2]

Frau Klermann hat zwei Angaben über ihre Vorfahren gemacht: die wenig belastbare Mutter neigte zur Schwermut, und (das kam beim Nachfragen zum Vorschein) ein Onkel mußte mehrfach wegen einer Depression psychiatrisch behandelt werden. Diese Angaben geben einen Hinweis darauf, daß bereits im Erbgut eine Veranlagung zur Depression vorhanden sein könnte.

Doch nicht nur die Vererbung prägt die Funktion des Gehirns. Auch *Geburtsschäden* führen oft zu körperlichen und geistigen Behinderungen. Besonders schlimm wirkt sich ein *Sauerstoffmangel* aus, der beim betroffenen Baby zu einer Hirnschädigung führen kann. Die Folge: Lernschwierigkeiten und Verhaltensauffälligkeiten, die bis ins Erwachsenenalter andauern, auch wenn sie oft erstaunlich gut verarbeitet werden.

Frau Klermann hatte es da leichter: ihre Intelligenz ist zwar gut, doch erlebte sie immer wieder die Behinderung der gelähmten Hand beim Turnen und bei vielen praktischen Arbeiten. In ihrer depressiven Art zog sie sich zurück (Reaktion) und wurde zunehmend zum Außenseiter.

Und dann kam mit sechszehn der Mofa-Unfall. Hirnerschütterung. Rasende Kopfschmerzen. Wochenlange Bettruhe. Seither ist Frau Klermann wetterfühlig. Oft muß sie sich hinlegen und kann ihre Arbeit nicht mehr bewältigen. Die Migräne bringt den ganzen Körper in Aufruhr: es wird ihr übel, sie schwitzt, das Herz schlägt ihr bis zum Hals, Hitzewellen branden über sie hinweg. Diese Symptome werden durch das *vegetative Nervensystem* verursacht, das alle inneren Organe wie ein feines Netz durchwebt. Psychische Verstimmungen führen häufig zu Alarmsignalen im vegetativen Nervensystem, das dann aus seinem gewohnten Rhythmus gerät. Manche Menschen sind von ihrer Anlage her empfindlicher und leiden oft enorm unter ihren körperlichen Beschwerden, die dann vom Arzt als „vegetative Dystonie“ bezeichnet werden.

Unser Temperament – angeboren oder erworben?

Seit dem Altertum waren die Forscher bemüht, das Verhalten des Menschen besser zu verstehen und es in Kategorien einzuteilen. Wohl der berühmteste Ansatz stammt von dem griechischen Arzt Hippokrates, dem „Vater der Medizin“. Durch seine scharfen Beobachtungen schuf er die Lehre von den vier Temperamenten Sanguiniker, Choleriker, Melancholiker und Phlegmatiker. Mittlerweile weiß man allerdings, daß sich der menschliche Charakter mit den verschiedensten Modellen beschreiben läßt.[3]

Jede Persönlichkeit hat ihre Stärken und ihre Schwächen. Kein Typ kommt in „Reinkultur“ vor; oft vereinigt ein Mensch Eigenschaften aus verschiedenen Bereichen zu einem eigenen, besonderen Ganzen. Und vor allem: kein Typ ist schlechter als der andere.

Woher kommt die Persönlichkeit? Ist sie angeboren, oder wurde sie durch die Erziehung geprägt? Ist sie Teil der Anlage oder Ergebnis der Umwelt? Besonders intensiv wurde die Frage der *Intelligenz* untersucht.[4] Einigen konnten sich die Psychologen bis heute nicht. Vieles spricht jedoch dafür, daß die Intelligenz eine Gabe ist, die durch die Erziehung zwar gefördert, aber nicht beliebig erhöht (oder verschüttet) werden kann.

Etwas anders liegen die Dinge bei den *Persönlichkeitsmerkmalen.* Viele Beobachtungen weisen darauf hin, daß *grundlegende Muster der Persönlichkeit bereits von der Geburt her angelegt sind.* Lebhafte, kontaktfreudige Kinder werden auch später eher extrovertiert sein; stille, zurückgezogene Kinder neigen auch später eher zur Introversion. Häufig zeigen Kinder ein ähnliches Temperament wie ihre Eltern oder Großeltern. Die vorhandenen Daten sprechen aber dafür, daß die Anlage – deutlicher noch als bei der Intelligenz – *durch die Umwelt geprägt* wird.[5] Ein Kind ist noch enorm *entwicklungsfähig.* Ängstliche Buben können später mutige Männer werden; brave, ruhige Mädchen können später dennoch unter Nervosität oder Angst leiden. Die Gründe für diese Entwicklungen sind bis heute nur unvollständig aufgeklärt.

Kommen wir auf das eingangs erwähnte Fallbeispiel von Frau Klermann zurück. Bereits als Kind zeigte sie eine deutliche Neigung zur Introversion: Sie war gerne für sich allein und konnte stundenlang mit ihren Puppen spielen, während ihre Geschwister draußen mit andern Kindern herumtollten. Trotz eines liebevollen Elternhauses und einer guten Grundintelligenz entwickelte sich eine *sensible, zur Schwermut neigende Persönlichkeit,* deren Grundzüge bereits in der Anlage vorgezeichnet waren.

Meine Kraft ist in den Schwachen mächtig

Gibt es *von der Bibel her* eine Umschreibung für das, was in der modernen Psychologie und Psychiatrie als *Anlage* bezeichnet wird? Ja und nein. Sicher bedienten sich die Autoren der biblischen Bücher noch nicht der modernen Ausdrücke unserer Zeit. Da ist noch nicht die Rede von Genetik, Gehirn und Temperament. Aber sie beschreiben immer wieder Menschen, die ohne eigene Schuld schwach und behindert waren, sei es von Geburt, sei es durch spätere Ereignisse. Man begegnet in der Bibel Menschen mit verschiedenen Charaktereigenschaften, vom überschwenglichen Petrus bis hin zum zweifelnden Thomas. Man liest von den Magenbeschwerden des Timotheus und von den rasenden Schmerzen des Paulus, die ihn an den Rand der Verzweiflung trieben.

Nicht alle Christen in den neutestamentlichen Gemeinden waren „Glaubenshelden". Viele kämpften nicht nur mit ihrer sündigen Natur, sondern mit ihrer Unfähigkeit, psychisch und geistlich die Leistungen der „Starken" in der Gemeinde zu erreichen. Paulus ermahnt deshalb die Christen in Thessalonich, „die Verzagten zu trösten, die Schwachen zu tragen und mit allen Geduld zu haben"[6]. Und er wußte, wovon er redete. Er kannte Schwachheit aus seinem eigenen Leben. Dreimal hatte er zu Gott gefleht, ihm seine schrecklichen Schmerzen, die „Faustschläge des Satansengels" wegzunehmen, doch sein Gebet wurde nicht erhört. Gott sagte ihm seinen Beistand trotz seiner geschwächten körperlichen Anlage zu: „Laß dir an meiner Gnade genügen, denn meine Kraft ist in den Schwachen mächtig." Und Paulus fährt fort: „Darum will ich mich am allermeisten rühmen meiner *Schwachheit*, auf daß die Kraft Christi bei mir wohne. Darum bin ich guten Mutes in Schwachheit ... denn wenn ich schwach bin, so bin ich stark."[7]

2. UMWELT: DIE LAST DES LEBENS

Der zweite Faktor, der ein Leben maßgeblich prägt und zur Entstehung psychischer Störungen beiträgt, ist die *Umwelt*. Jeder Mensch macht belastende Erlebnisse durch, seien es Verletzungen in der Kindheit und Jugend, seien es Enttäuschungen und Kränkungen in seinem späteren Leben. Dazu kommen unvorhersehbare „Schicksalsschläge" und Versuchungssituationen, die das Leben in völlig neue Bahnen lenken können. Nicht selten wird einem Menschen eine Last auferlegt, die er sein Leben lang zu tragen hat. Alle diese

Belastungen werden heute unter dem Begriff *Streß* zusammengefaßt. Oft gibt die Lebensgeschichte dem Psychiater und dem Seelsorger ein besseres Verständnis für die seelischen Nöte eines Ratsuchenden. Ich möchte sie unterteilen in folgende Gebiete:

a) Familiensituation
b) Kindheitserlebnisse
c) äußere Grenzen bzw. „Lasten“, die ein Mensch zu tragen hat
d) Versuchungssituationen
e) unvorhergesehene Ereignisse
f) gespannte Beziehungen in der Gegenwart

Prägung in der Kindheit

Die grundlegende Prägung erhält ein Kind in der Familie. So vieles hängt von den Erfahrungen ab, die es in den ersten drei bis sechs Jahren macht. Erfährt es Geborgenheit und Liebe, Fürsorge und Wärme? Erlebt es die Sicherheit von Grenzen durch die Erziehung? Lernt es mit den Jahren, Bedürfnisse aufzuschieben und auf andere Rücksicht zu nehmen? Oder widerfährt ihm Streit, Gewalt oder gar sexueller Mißbrauch? Weiß es nie so recht, welche Regeln im Zusammenleben gelten? Wird es verwöhnt und verzärtelt?

Doch wird die Zukunft wirklich durch die Kindheitserlebnisse entschieden? Viele Tiefenpsychologen würden mit Ja antworten. Neuere Studien widersprechen dieser These.[8] In einem hervorragenden Buch stellt der Stuttgarter Psychologe *Hansjörg Hemminger* die provokative Frage: „Kindheit als Schicksal?“[9] Er zeigt anhand verschiedener Beispiele, daß Kindheitserlebnisse allein das Leben nicht vorprogrammieren.

Wörtlich schreibt er: „Ein Kind aus einer problematischen Familie beginnt seine Selbständigkeit mit einem geringeren Kapital an guten Gewohnheiten, hilfreichen Denkweisen und angemessenen Gefühlsreaktionen als ein anderes... Die Langzeituntersuchungen zeigten uns Kinder, die mit einem harten Schicksal fertig wurden und daran reiften; sie zeigten uns anderen, die nach einer behüteten Kindheit an ihrer Weigerung zerbrachen, selbständig zu werden. Es gab diejenigen Menschen, die das Kapital ihrer guten Kindheit gut anlegten, und jene andere, die die Konflikte nicht lösen konnten, in die sie seit ihrer belasteten Kindheit verstrickt waren.“ [10]

Eindringlich plädiert er dafür, in der Gegenwart zu leben: „Nur die gegenwärtige Handlung, die gegegenwärtige Entscheidung und das gegenwärtige Denken haben Realität. Jeder Rückblick auf die geliebte oder gehaßte Vergangenheit, jeder Ausblick auf eine erhoffte oder gefürchtete Zukunft wird zur Illusion, wenn er die Gegenwart verdunkelt und aus dem Blickfeld rückt.“ [11]

Umgang mit Streß

Und doch kann die Gegenwart schwer genug sein, so schwer, daß ein Mensch keinen Ausweg mehr sieht. Immer wieder begegnen mir in meiner Tätigkeit Männer und Frauen, die durch äußere Ereignisse an den Rand ihrer Kräfte gebracht wurden und psychische Schwierigkeiten entwickelten – von der Depression bis hin zu einer Psychose. Ich erinnere mich an den Prediger, der hilflos miterleben mußte, wie bei einem Jugendlager in Sardinien ein Mädchen ertrank. Ich denke an die Mutter, deren Kind beinahe ein Jahr lang in der Kinderklinik lag. Die täglichen Besuche zehrten an ihren Kräften. Die ständige Ungewißheit raubte ihr den Schlaf und führte schließlich zu einer vorübergehenden Psychose, die den Aufenthalt in einer Klinik nötig machte.

Streß ist einer der wichtigsten krankmachenden Faktoren unserer Zeit geworden. Bei Menschen mit einer anlagebedingten Schwachheit und mit wenigen Möglichkeiten zur Bewältigung von Belastungen kann Streß zur Auslösung schwerer psychischer Krisen führen. In der modernen Psychiatrie spricht man von *Vulnerabilität*, zu deutsch „Verletzbarkeit“. Darunter versteht man die Empfindlichkeit eines Menschen, unter Belastungen mit psychischen (z. B. Depression), körperlichen (z. B. Magenbrennen) oder verhaltensmäßigen (z.B. Rückzug von Kontakten, Wutausbrüche) Störungen zu reagieren. Die Beziehung zwischen Streß und Vulnerabilität, oder um mit biblischen Ausdrücken zu sprechen, Anfechtung und Schwachheit, läßt sich in einer einfachen Kurve darstellen.

Abbildung 4-2: Vulnerabilität

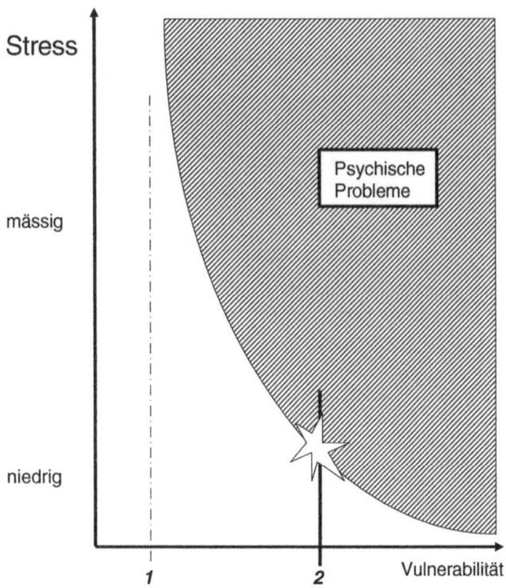

Aus der Abbildung ist leicht ersichtlich, wie ein Mensch unter erhöhter Belastung immer näher an die Grenze psychischer Störungen herankommt. Wann dieser Punkt erreicht wird, hängt von der anlagemäßigen Empfindlichkeit ab. Jemand mit starken Nerven (Linie 1) hält es aus, wenn er sein Auto schrottreif fährt, am Arbeitsplatz kritisiert wird und seinen Hund verliert. Er wird keine psychischen Probleme entwickeln. Leidet jemand jedoch unter einer verstärkten Empfindsamkeit (Linie 2), so reichen schon relativ geringfügige Aufregungen, um bei ihm beispielsweise Schlafstörungen, Ängste und psychosomatische Beschwerden auszulösen. Dieses Diagramm darf nun aber nicht absolut verstanden werden. Jeder Mensch hat nicht nur seine eigene Empfindlichkeit, er hat auch Möglichkeiten, mit Streß umzugehen.

Seelisch gesunde Menschen können lernen, belastenden Situationen mit einer anderen Haltung zu begegnen und daran zu wachsen. Doch habe ich in meiner ärztlichen Tätigkeit viele Menschen kennengelernt, denen es trotz ihres guten Willens nicht gelang, den Belastungen nur mit einem Gebet oder einer veränderten inneren Haltung zu begegnen. Sie müssen auch lernen, vermeidbaren Streß abzubauen und so zu verhindern, daß sie allzu nahe an die Gefahrenzone psychischer Störungen geraten.

Geduldig in Trübsal

Die Bibel kennt die Belastungen, die einem Menschen widerfahren können. Sie spricht von Trübsal[12] und Lasten[13], von Anfechtung[14] und Versuchungen[15]. Die Psalmen geben einige der großartigsten Gebete von Menschen in auswegslosen Lagen wieder.[16] Und Paulus schreibt: „Denn obwohl uns die Schwierigkeiten von allen Seiten bedrängen, lassen wir uns nicht von ihnen überwältigen. Wir sind oft ratlos, aber nie verzweifelt. Von Menschen werden wir verfolgt, aber bei Gott finden wir Zuflucht. Wir werden zu Boden geschlagen, aber wir kommen dabei nicht um."[17]

Manches wird in diesen Texten ähnlich beschrieben wie in der Psychotherapie: Die Not wird beim Namen genannt, die Gefühle werden frei, ja dramatisch geäußert. Aber im Gegensatz zur rein diesseits- und ichbezogenen Psychotherapie geht es in der biblischen Seelsorge nicht darum, den Schmutz aufzuwühlen und die Verletzungen der Vergangenheit zu analysieren. Immer wieder dringt das Licht der Hoffnung hinein in die Auswegslosigkeit. Das göttliche „Dennoch" wird zum Halt inmitten von Anfechtung und Streß.

3. REAKTION: DIE MACHT DER GEDANKEN

Die innere Haltung gegenüber seiner Schwachheit einerseits und widrigen Umständen andererseits ist der dritte Faktor, der das Auftreten psychischer Störungen bei einem Menschen begünstigt. Im Schema auf Seite 56 wird er unter dem Stichwort der *Reaktion* zusammengefaßt. Anlage und Umwelt machen den Menschen nicht zum hilflosen Opfer seiner Lebensumstände. Vielmehr bestimmt die Art und Weise, wie ein Mensch mit Streß umgehen lernt, seine Entwicklung. Sein Denken, Wollen und Handeln trägt maßgeblich dazu bei, welche Auswirkungen ein Ereignis auf seine Psyche hat.

Wie man über ein Ereignis denkt, wie man es also bewertet, bestimmt die menschliche Reaktion. Lange Zeit hatte man in der Psychologie die einfache Vorstellung:

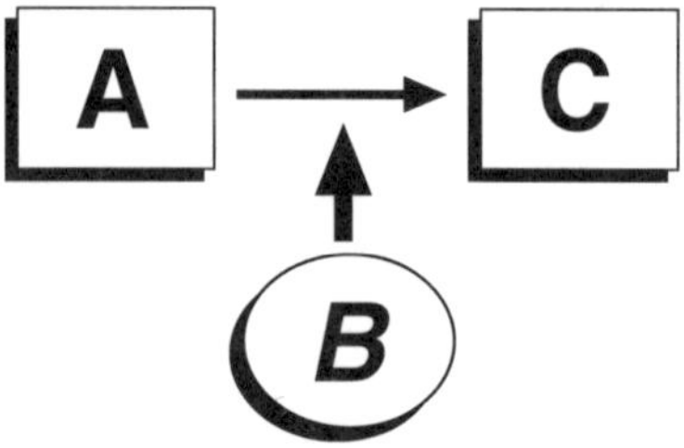

ein *Ereignis* (A) löst ein *Gefühl* (C) aus. Jemand wird beispielsweise depressiv (C), weil er von seinem Chef kritisiert wird (A). Zwischen A und C steht aber ein wichtiges Bindeglied: die *Bewertung* (B) eines Ereignisses. Darunter versteht man die Bedeutung, die man einem Ereignis zumißt.

Der eine sagt am Abend lachend: „Heut hat der Chef einen schlechten Tag gehabt. Was soll's, morgen geht's wieder besser!" Der andere aber macht sich Vorwürfe und fürchtet, die Stelle zu verlieren. Beide haben dasselbe erlebt, doch sie bewerten es ganz verschieden.

Unsere „Glaubenssätze"

Die Erkenntnis, daß sich die Sicht der Dinge auf die psychischen Reaktionen auswirkt, ist uralt. Schon im Altertum schrieb der stoische Philosoph *Epictet*: „Die Menschen werden nicht durch die Ereignisse, sondern durch ihre Sicht der Ereignisse beunruhigt."

Was prägt denn nun unsere Sicht der Ereignisse? Jeder Mensch entwickelt im Laufe seines Lebens Vorstellungen („Glaubenssätze") darüber, wie er glücklich werden und das Leben bewältigen kann.[18] Jeder sehnt sich nach Liebe und Anerkennung und trachtet danach, diese Sehnsucht irgendwie zu stillen.

Doch auf dem Weg zur Erfüllung gibt es viele Hindernisse. Immer wieder muß der Mensch lernen, mit unerfüllten Wünschen zu leben und sich an die Wirklichkeit der rauhen Welt anzupassen. Somit ist das Leben ein ständiger *Lernprozeß*.

Besonders prägend wirken *frühe* negative Erlebnisse sowie spätere Erfahrungen, die von *intensiven Gefühlen* oder von starken körperlichen *Streß-Symptomen* begleitet werden. Ein Beispiel: Stellen Sie sich vor, sie werden von einem Hund gebissen. Dieses schreckliche Gefühl der Bedrohung und der Angst, gefangen in den

Zähnen eines wütend knurrenden Hundes, vergißt man nicht so schnell. Schon der Gedanke daran läßt das Herz wieder schneller schlagen und treibt einem den Schweiß auf die Stirn. Es dauert lange, bis man sich wieder einem auch noch so niedlichen Schoßhündlein zu nähern wagt.

So ähnlich können auch Erlebnisse des Versagens und der Ablehnung wirken. Die Folge für die *Grundannahmen*: „Ich will nie mehr in eine solche Situation kommen; das halte ich nicht aus!" Die Folge für das *Verhalten*: man weicht jeder Begegnung aus, die das Risiko einer neuerlichen Ablehnung in sich trägt. Und so verändert die Reaktion nicht nur das Innenleben, sondern auch den Kontakt zur Umwelt – ein fataler Kreislauf entsteht, ein Strudel, der einen Menschen zuletzt in ernsthafte seelische Nöte bringen kann.

Eine neue Gesinnung

Je früher die Grundlagen für eine reife Lebenshaltung gelegt werden, desto besser kann man das Leben bewältigen. Persönlich bin ich davon überzeugt, daß die *Weisheit der Bibel* die besten Grundlagen für ein erfülltes Leben gibt. Die Bibel gebraucht zwei Stichworte, die den psychologischen Konzepten der „Kognitionen" (Gedanken) und des Verhaltens entsprechen. Sie spricht immer wieder von der Bedeutung der *Gesinnung*[19] und des *Wandels*[20]. König Salomo sagte einmal in den Sprüchen: *„Mehr als auf alles andere achte auf deine Gedanken, denn sie bestimmen dein Leben*!"[21]

Ein Christ wird also darum bemüht sein, seine Annahmenwelt von den Aussagen der Bibel her bestimmen zu lassen. Das bedeutet mehr als nur positives Denken. Gottes Wort fordert dazu auf, das alte Wesen abzulegen, „im Geist zu wandeln"[22], in der Liebe zu wachsen[23] und den neuen Menschen anzuziehen[24]. Das kann nur geschehen, wenn sich ein Mensch täglich für das Wirken Gottes öffnen und all sein Denken und Handeln von seinem Wort her bestimmen läßt.[25]

Doch ist die Änderung der Gedanken immer so leicht möglich? Gerade sensible Menschen können Verletzungen nicht einfach vergessen, tragische Ereignisse in der Erinnerung auslöschen und durch ein „Halleluja" ersetzen. *Die Heilung der Erinnerungen braucht*

Zeit. Und bei manchen Menschen – ich denke hier an meine schizophrenen und schwer depressiven Patienten – ist die Biochemie des Gehirns zeitweise dermaßen stark gestört, daß sie ihre Gedanken nicht mehr steuern können.

Dieser Zustand ist der Bibel nicht fremd. Schon David kannte Zeiten, wo ihn der Gedanke an Gott nicht tröstete, sondern noch mehr betrübte.[26] Und Paulus wußte um die Gegenwart Gottes, selbst in den Zeiten, wo er nicht mehr beten konnte.[27] Hier liegt Hoffnung für gläubige Christen, die durch schwere psychische Krisen gehen, wie ich sie in den folgenden Kapiteln näher beschreiben werde.

Teil II

Bilder kranker Seelen

Kapitel 5

Neurotische Störungen – ein Überblick

Herr Moser nimmt die Dinge sehr genau. Alles muß seine Ordnung haben. Sein Tag ist lückenlos eingeteilt. Er weiß, wie viele Minuten er von zu Hause bis zum Arbeitsplatz braucht, und hat die Zahl der Ampeln gezählt, die ihn dabei aufhalten könnten: genau 39 sind es, verteilt auf fünf Kreuzungen. Herr Moser ist Bibliothekar – und dort braucht man gewissenhafte Mitarbeiter.

Doch nicht alle sind so glücklich über seine Art. Da ist seine Frau: sie leidet oft unter seinem übermäßigen Ordnungsbedürfnis. Wenn er am Abend heimkommt, sind die Kinder schon im Bett. Er könne nicht früher heimkommen, weil er die Bibliothek noch in Ordnung bringen müsse. „Dabei rückt er nur die Bücher zurecht", sagt seine Frau bitter. „Schrägstehende Bücher kann er nicht ausstehen. Aber an mich und an die Kinder denkt er nicht." Auch sein Chef hat schon Unmut darüber geäußert, daß er über seinem Ordnungsfimmel die eigentlichen Aufgaben in der Bibliothek vernachlässige, und ihm Lohnkürzungen angedroht. Schließlich sucht Herr Moser auf Drängen seiner Frau einen Psychiater auf.

Hat Herr Moser nur eine Macke, oder ist er neurotisch? Ist er eine besondere Persönlichkeit, oder ist er ein kranker Mann? Ist sein Verhalten nur eigenartig, oder ist es Sünde? Kann und soll er sich ändern und wenn ja, wie?

Sind wir alle neurotisch?

Kleinere Ängste, Zwänge und Depressionen gehören zum normalen Leben. Beinahe jeder hat in gewissen Situationen „unlogische" *Ängste* und *Hemmungen*. Kennen Sie das unangenehme Schaudern beim Überqueren einer Brücke? Sie wissen zwar ganz genau, daß sie trägt und daß ein Geländer Sie vor dem Herunterfallen schützt, und doch sind Sie froh, endlich die andere Seite zu erreichen. Angst kann auch unsere zwischenmenschlichen Beziehungen prägen: Wie oft tun wir etwas nicht, weil wir Angst haben, dabei abgelehnt zu werden oder zu versagen. Wie gut kennen wir die eigenartigen Gefühle in der Magengrube vor einer Prüfung – einer Situation also, die wir nicht völlig im Griff haben. Hier führt Angst zu *psychosomatischen Reaktionen*, auch beim Gesunden.

Andere entdecken *Zwänge* bei sich selbst: eine Melodie geht ihnen nicht aus dem Kopf. Sie versuchen sich jede Autonummer zu merken, oder sie passen ihre Schritte genau dem Muster der Steinplatten auf dem Gehsteig an. Andere haben Schwierigkeiten, ein Zimmer zu verlassen, wenn es nicht sauber aufgeräumt ist. Und welche Hausfrau hat nicht schon mehrmals kontrolliert, ob sie den Herd abgeschaltet hat?

Normalerweise können wir den geschilderten Ängsten und Zwängen entgegenwirken. Wir können die Gedanken stoppen, uns ablenken, an etwas anderes denken und die störenden Impulse vergessen. Mehr noch: die Angst auf der Brücke wird nie so stark wie beim Angstneurotiker, der einen riesigen Umweg macht, um sie zu meiden. Die Hausfrau kontrolliert den Herd nur ein bis zweimal, ohne den stundenlangen Ritualen des Zwangskranken zu verfallen. Bei unangenehmen Begegnungen verspürt man wohl vermehrtes Herzklopfen, aber es kommt nicht zum körperlichen Zusammenbruch, wie beim psychosomatisch äußerst empfindlichen Neurotiker. Kritische Bemerkungen kann man ertragen, ohne tagelang darüber nachzugrübeln wie der neurotisch depressive Mensch.

Die häufige Redewendung, jeder sei im Grunde etwas neurotisch, führt also zu einer ungerechtfertigten Ausdehnung des psychiatrischen Krankheitsbegriffs. Prof. R. Tölle schreibt in seinem Lehrbuch sehr treffend: „Nicht jede Konfliktsituation, die nicht sogleich gelöst werden kann und möglicherweise eine Zeitlang mit Verstimmungen oder vegetativen Störungen einhergeht, ist als Neurose zu bezeichnen. Je differenzierter ein Mensch ist, desto komplizierter und störungsanfälliger ist sein Erleben, ohne daß gleich von einer pathologischen Störung gesprochen werden könnte. Solange nicht die beschriebenen neurotischen Vorgänge und Symptome festzustellen sind, spricht man besser von einer Krisensituation.“ [1]

Seelische Reaktionen in einer Krise

Der psychisch gesunde Mensch ist in der Lage, seine Gedanken zu lenken, sich am Leben zu freuen, Beziehungen zu pflegen und die Aufgaben zu erfüllen, die ihm das Leben stellt. Er kann seine Gedanken und Gefühle so ordnen und anwenden, daß sie ihm zu einer sinnvollen *Anpassung* an seine Lebensumstände dienen.

Anders in einer Krise: Gespannte Beziehungen oder Überforderung am Arbeitsplatz, schwere Krankheiten oder der plötzliche Tod eines lieben Menschen können zur seelischen Erschöpfung führen. Nun ist immer mehr Kraft nötig, um mit den belastenden Umständen und Gedanken fertig zu werden. Und diese Energie fehlt einem in der Bewältigung des Alltags. Man wird empfindlich, psychisch und körperlich. Das vegetative Nervensystem gerät in Aufruhr und zeigt die ganze Palette psychosomatischer Reaktionen, vom Magenbrennen über Herzklopfen bis hin zum Händezittern. Oftmals leidet auch der Schlaf und trägt zusätzlich zur weiteren Erschöpfung bei.

Und in dieser Zeit eines geschwächten psychischen Zustandes können Depressionen, Ängste, Zwänge, hysterische Reaktionen und aggressive Ausbrüche auftreten, die man sonst gar nicht an sich kennt. Irgendwie hat man sich nicht mehr richtig unter Kontrolle. Plötzlich brechen sich Impulse Bahn, die man in guten Tagen in der „Rumpelkammer der Gedanken“ wegsperren konnte.

Ein Mann mittleren Alters leidet sehr unter der Scheidung von seiner Frau. Seine Lebensfreude erlischt; nachts wacht er manchmal schweißgebadet aus einem Angsttraum auf. Längst vergessene Erlebnisse aus der Kindheit kommen hoch. In der Firma hat er ständig den Eindruck, es werde über ihn getuschelt. Er fühlt sich unfähig und geht allen Mitarbeitern aus dem Weg.

Eine junge Mutter wird während der Stillzeit von dem schrecklichen Gedanken geplagt, sie könnte ihrem Baby etwas antun. „Ich würde es ja nie tun, aber der Gedanke läßt mich einfach nicht los. Es ist wie ein Zwang“, klagt sie.

Es scheint, daß jeder Mensch gewisse Schwachstellen in seinem Verhalten hat, typische Muster des Erlebens und des Verhaltens, die erst unter Belastungen zum Ausbruch kommen. So läßt es sich erklären, daß der eine eher depressiv-resigniert, der andere eher dramatisch-erregt auf Schwierigkeiten reagiert. Doch Krisen gehen vorbei, und damit treten auch die geschilderten Symptome wieder in den Hintergrund. Nicht immer ist zur Bewältigung einer Lebenskrise ärztliche oder medikamentöse Hilfe nötig. Gott hat uns mit mannigfachen Möglichkeiten ausgestattet, psychische Krisen mit ihren störenden, „neurotischen" Symptomen zu überwinden. Oftmals gilt der einfache alte Satz: *Zeit heilt Wunden.*

Anders liegen die Dinge bei Menschen, deren ganzes Leben von neurotischen Symptomen geprägt und überschattet wird, oft ohne offensichtliche äußere Auslöser. Die guten Ratschläge, die in Krisen hilfreich sind, führen bei ihnen nicht zur ersehnten Besserung. Sie leiden an sich selbst, an ihren Hemmungen und Schwachheiten. Von ihren Mitmenschen werden sie nicht verstanden. Mehr noch: Ihr Verhalten kann auch für ihre Umwelt und ihre Angehörigen zur Belastung werden. In diesen Fällen spricht der Psychiater von Neurosen und Persönlichkeitsstörungen im engeren Sinne.

Was ist eigentlich eine Neurose?

Neurosen stellen die häufigste psychische Störung dar und sind bei etwa *10 Prozent* der Bevölkerung zu finden. Frauen sind doppelt so häufig betroffen wie Männer. Die Übergänge zwischen leichteren und schweren Zustandsbildern sind fließend. Leichtere Ausprägungen werden als *Persönlichkeitsstörungen* bezeichnet. Zählt man sie dazu, so kommt man insgesamt auf etwa 30 Prozent „psychogener Störungen" in der Bevölkerung.[2] Unter diesem Oberbegriff faßt man eine verwirrende Vielfalt menschlichen Fehlverhaltens zusammen, von der Beziehungsstörung bis hin zu sexuellen Schwierigkeiten, von übermächtigen Ängsten bis zu psychosomatischen Beschwerden.

Das Wesen der „Neurosen" ist in der Psychiatrie bis heute umstritten. Neue Handbücher gehen so weit, daß sie den Begriff völlig aus ihrem Diagnosen-Vokabular streichen und von *Persönlichkeits-*

störungen sowie von Angst-, Zwangs- und anderen *Syndromen* sprechen.[3] Wenn ich hier noch von „Neurosen" rede, dann wegen der traditionellen Bedeutung dieses Begriffs, wobei ich mich von Mißbräuchen dieser Diagnose klar abgrenzen möchte.

Schwere Neurosen, das wird sich auf den folgenden Seiten zeigen, sind *echte Krankheiten* mit klar beschreibbaren Symptomen und mit Verläufen, die ähnlich anderen psychischen Erkrankungen zu erheblichen Behinderungen führen können.

So lautet eine *Definition* der Neurosen: „Als Neurosen bezeichnet man eine Gruppe von seelisch bedingten Krankheiten chronischen Verlaufs, die sich in bestimmten Symptomen – Angst, Zwang, traurige Verstimmung, hysterisches Zeichen – oder in bestimmten Eigenschaften – Hemmung, Selbstunsicherheit, emotionale Labilität, innere Konflikthaftigkeit – äußern."[4]

Noch zurückhaltender ist eine andere Definition der Neurosen: Eine Neurose ist eine „psychische Störung mit Krankheitswert, die aber weder hirnorganisch verursacht ist noch ein psychotisches Ausmaß erreicht"[5].

Abbildung 5-1: Schweregrad der Neurosen

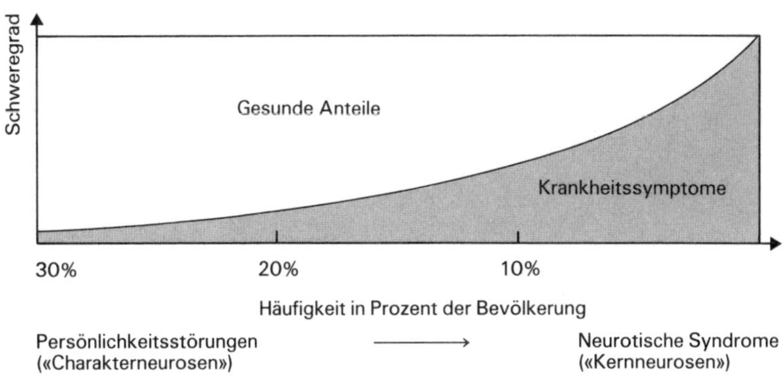

Wie die Abbildung zeigt, haben die meisten Menschen, die an sich selbst und an ihrem Verhalten leiden, auch *gesunde Anteile*. Mit Ausnahme der schwersten Zustandsbilder (ganz rechts im Schema) sind sie in der Lage, selbständig zu leben. In der Klinik trifft man deshalb

Neurosen eher selten an, zumal sie vielfach nicht so dramatisch verlaufen wie beispielsweise Psychosen. Um so häufiger begegnet der niedergelassene Arzt und der Seelsorger diesen Störungen.

Der *Verlauf* der Neurosen ist vielfältig: Grundsätzlich handelt es sich um *länger dauernde* Störungen, die jedoch *phasenhaft* stärker oder schwächer auftreten können. Häufig beobachten wir eine grundlegende Persönlichkeitsstörung, auf die sich zeitweise eine schwerere Störung „aufpfropft". Nicht selten kommt es zu einem Symptomwechsel, d.h. zu Übergängen von einem Symptom zum andern. So kann eine anfängliche Angst-Symptomatik später in eine chronische Depression übergehen.

Nachuntersuchungen haben ergeben, daß es

- bei 20 Prozent zu einer Heilung,
- bei 60 Prozent zu einer Besserung und
- bei 20 Prozent zu einer Verfestigung der krankhaften Symptome kommt.

Die Folge ist bei der letztgenannten Gruppe häufig eine Voll-Invalidisierung, da die Betroffenen wegen ihrer Beschwerden nicht mehr in der Lage sind, ihre Aufgaben zu erfüllen und ihren Lebensunterhalt zu verdienen.

Am ausgeprägtesten sind neurotische Störungen zwischen 20 und 40 Jahren. Danach beginnt die Symptomatik oft nachzulassen, und der Betroffene findet ein besseres Gleichgewicht. Häufig bildet sich dabei ein *Restzustand* aus – ein Leben in Grenzen, das aber doch ein erträgliches Dasein ermöglicht. Viele neurotisch Kranke sind zwar noch arbeitsfähig, mußten jedoch einen beruflichen Abstieg in Kauf nehmen. Oft fehlt es ihnen an Lebensfreude und Energie. Sie leben zurückgezogen und haben die meisten ihrer früheren Interessen verloren. So findet der neurotische Mensch in seinem allgemeinen Rückzug eine gewisse Entlastung, die er aber mit der Aufgabe seiner früheren Wünsche, Träume und Beziehungen bezahlen muß.

Die Ursachen der Neurosen

Im Laufe der Geschichte sind ganze Bibliotheken über die möglichen Ursachen der Neurosen geschrieben worden. Dennoch weiß man auch heute noch wenig Verläßliches über die Entstehungsbedingungen dieser Störungen. Während sich viele psychotherapeutische Schulen auf Lehrmeinungen stützen, die nur *eine* Ursache und *eine* Therapie sehen, neigt man in der modernen Psychiatrie zu einem multifaktoriellen Modell, das es erlaubt, das Problem der Neurosen unvoreingenommener zu betrachten. *Man tut dem Neurosekranken Unrecht, wenn man sein Leiden bloß als psychische Fehlreaktion deutet.* Neurotische Störungen werden – ähnlich wie andere psychische Krankheiten – durch eine Vielzahl von Faktoren verursacht und beeinflußt.

Früher hatte man angenommen, neurotische Störungen entstünden in der *Kindheit.* Ungelöste, oft sexuell gefärbte Konflikte führten zu Fixierungen auf unreifen Stufen der kindlichen Entwicklung. Neuere Forschungen haben diese Vorstellungen nicht bestätigen können.[6] Hier wurden meiner Meinung nach falsche Schlüsse aus richtigen Beobachtungen gezogen. Neurotische Menschen zeigen in der Tat oft unreife, kindlich anmutende Verhaltensweisen. Der Angstneurotiker wagt es nicht, allein auf die Straße zu gehen, die Hysterikerin macht aus kleinstem Anlaß eine Szene. Doch daraus kann man nicht ableiten, daß die Störung durch verletzende Erfahrungen in der Kindheit entstanden ist. Einmal mehr gilt es zu unterscheiden zwischen interessanten Vergleichen und nachweisbaren Ursachen.

Anlage – Umwelt – Reaktion

Bei der Entstehung der Neurosen und Persönlichkeitsstörungen kommt es zu einem komplizierten Zusammenspiel von Anlage, Umwelt und Reaktion (vgl. Schema in Kap. 4, S. 56).

Anlage: Vieles spricht dafür, daß auch bei den Neurosen das Erbgut eine Rolle spielt. Bei großangelegten Zwillings-Untersuchungen zeigte sich eine deutliche Häufung schwerer neurotischer Zustandsbilder, insbesondere bei Angst- und Zwangs-Syndromen.[7]

Begünstigt wird eine neurotische Entwicklung auch durch *Hirnschädigungen.* Die Betroffenen sind der Bewältigung von Lebenskonflikten weniger gewachsen als ein hirngesunder Mensch. Es kommt häufiger zu Anpassungsschwierigkeiten und zu Fehlverhalten, das die Umgebung zu Gegenreaktionen herausfordert, die den Betroffenen zusätzlich isolieren.

Umwelt: Erstaunlicherweise machen neurotische Menschen nicht unbedingt mehr belastende Lebenserfahrungen durch als andere.[8] Es scheint aber, daß die Störung beim Betroffenen zu einer veränderten Sicht der Ereignisse führt, ohne daß er von außen gesehen vermehrten Belastungen ausgesetzt gewesen wäre. Eher treten Neurosen gehäuft bei Menschen aus einer behüteten und verwöhnenden Familie auf. Unsere Wohlstandsgesellschaft mit ihren beinahe unendlichen Freiheiten fördert offenbar die Entstehung neurotischen Verhaltens. Je mehr Möglichkeiten der Mensch hat, desto häufiger gerät er in innere Konflikte. Umgekehrt treten Neurosen in Zeiten äußerer Not (z.B. durch Kriegswirren) in den Hintergrund.

Reaktion: Seelische Verletzungen können einen Menschen so stark prägen, daß er sich zunehmend mit einem neurotischen Schutz umgibt, der ihn vor weiteren schmerzlichen Erfahrungen bewahren soll.[9] Jedes Ablegen des „Abwehr-Panzers" ist mit enormen Angstgefühlen verbunden. Dies macht es für den Betroffenen schwierig, sich unbefangen auf Beziehungen mit anderen Menschen einzulassen. Nur wenn ein tiefes Vertrauen besteht, wagt er es, das Visier etwas zu heben und ein anderes, reiferes Verhalten zu zeigen.

Oft sind neurotische Menschen gefangen im Spannungsfeld ihres persönlichen neurotischen Konflikts. Einerseits leiden sie darunter und lehnen sich dagegen auf; andererseits aber sind sie wegen der dadurch entstehenden inneren Spannungen nicht in der Lage, andere Denk- und Verhaltensweisen zu entwickeln, selbst wenn ihnen diese zu mehr Freiheit verhelfen könnten.

Bei leichteren Ausprägungen lassen sich diese fehlgeleiteten Reaktionen aufdecken und bearbeiten. Bei schweren Zustandsbildern erlebe ich immer wieder, daß es dem Patienten in belastenden Situationen schlicht unmöglich ist, anders zu reagieren, so gern er dies möchte.

Die Diagnose der Neurosen

Die Diagnose einer neurotischen Störung läßt sich aus der Lebensgeschichte und den geschilderten Beschwerden stellen. Bei manchen Störungen, wie z.B. beim Zwangs-Syndrom, ist sie sehr leicht erkennbar, bei anderen Störungen muß man den Patienten über längere Zeit begleiten und gegebenenfalls andere Krankheiten ausschließen, bevor sich das Krankheitsbild einordnen läßt.

In kaum einem Fall findet sich die lupenreine Form einer Neurose.[10] Praktisch immer spielen verschiedene „neurotische Züge" mit. So leiden depressive Menschen meist auch unter Ängsten und Zwängen. Zwanghafte Persönlichkeiten werden ob ihres Leidens nicht selten depressiv. Und Angstneurotiker beschäftigen sich oft in hypochondrischer Weise mit ihren Körperfunktionen. Vereinfacht könnte man die neurotischen Charakterzüge mit einem Kaleidoskop beschreiben, das je nach Drehung immer neue Licht-, Farben- und Formenmuster hervorbringt.

Trotz ihrer vielfältigen Ausprägung gibt es *Gemeinsamkeiten* zwischen den einzelnen Störungen. Folgende Krankheitszeichen kommen bei den meisten Neurosetypen vor:

- Unsicherheit
- Hemmungen
- Kontaktstörung
- Verstimmungen
- verminderte Leistungsfähigkeit
- körperliche Begleiterscheinungen von seiten des vegetativen Nervensystems

Es würde den Rahmen dieses Buches sprengen, wollte man die einzelnen Formen neurotischer Störungen im Detail beschreiben. Der interessierte Leser sei für weitere Informationen auf Lehrbücher der Psychiatrie verwiesen. Aus Gesprächen mit Seelsorgern und Neurose-Kranken weiß ich, daß Menschen mit körperlichen Beschwerden und mit Depressionen heute mit viel Verständnis rechnen können.

Mehr Mühe macht es offenbar, *Angst, Zwang und hysterisches Verhalten* zu verstehen und als krankhafte Störungen anzunehmen, die auch bei Christen auftreten können. Oft verursachen sie auch schon in ihren leichteren Ausprägungen große Schwierigkeiten für den Leidenden, seine Angehörigen und seine Seelsorger. Die Betroffenen leiden dann nicht nur unter sich selbst, sondern auch unter dem Unverständnis und den untauglichen Heilungsvorschlägen mancher Mitchristen.

Das folgende Kapitel soll deshalb in knapper und allgemeinverständlicher Form dem Leser diese Syndrome nahebringen und Hilfen zur Seelsorge und zur Begleitung dieser Menschen geben.

Kapitel 6

Angst, Zwang und Hysterie

Wir leben, so sagt man, in einem Zeitalter der Angst. In der Tat ist der moderne Mensch trotz aller Fortschritte voller Ängste und Unsicherheiten. Sie reichen von der Sorge um die Natur bis hin zur Angst vor einer atomaren Katastrophe, von realen Ängsten in gefährlichen Lebenslagen bis hin zu unbegründeten Befürchtungen, an einer unheilbaren Krankheit zu leiden.

Und doch hat es die Angst schon immer gegeben, ja sie gehört zum menschlichen Dasein schlechthin. Angst kennt viele Formen, und sie macht auch vor überzeugten Christen nicht Halt. Und doch erscheint die Angst nicht unbesiegbar: Obwohl viele Menschen, besonders in persönlichen Krisen, unter Ängsten leiden, so finden sie doch immer wieder Wege, mit der Angst zu leben und ihre Aufgaben zu erfüllen. Die meisten sind offen für Zuspruch und Trost und gewinnen ihre innere Ruhe nach einiger Zeit wieder zurück.

Anders der neurotische Mensch: sein Denken, Fühlen und Verhalten wird von Ängsten geprägt, die über das normale Maß hinausgehen, von Ängsten, die er oft gar nicht in Worte fassen kann. Nicht zu Unrecht hat Riemann die neurotischen Persönlichkeitsstörungen deshalb gesamthaft als „Grundformen der Angst" beschrieben.[1]

Angst als Krankheit

Bei manchen Menschen kann die Angst zur Krankheit werden, die ihr ganzes Leben beherrscht. Hier spricht der Arzt von einem *Angst-Syndrom*. Oft läßt sich kein ausreichender Grund für die Angst finden. Der Betroffene wird – aus der Sicht der „Normalen" – aus nichtigem Anlaß und bei den einfachsten Tätigkeiten von überwältigenden Gefühlen der Enge und der Bedrohung gequält, die sich zeitweise bis zur Panik steigern können. Dabei kommt es zu ausgeprägten körperlichen Begleiterscheinungen, so stark, als stünde der Betroffene wirklich in unmittelbarer Gefahr.

Eine Frau schilderte mir eindrücklich ihre Ängste: „Wenn ich zum Fenster hinausschaue, so habe ich Angst, ich könnte hinausfallen. Einen Lift würde ich nie betreten, denn ich habe Angst, er könnte steckenbleiben. Im Auto befürchte ich ständig einen Unfall. Und bei meiner Arbeit habe ich immer Angst, ich könnte einen Fehler machen und die Stelle verlieren. Zum Einkaufen schicke ich schon jahrelang meinen Mann. Besuche ich einen Gottesdienst, so habe ich Angst vor den vielen Leuten. Das Herz schlägt mir bis zum Hals, und ich kriege keine Luft mehr. Lese ich die Bibel, so habe ich Angst, ich sei nicht errettet oder vielleicht von einem Dämon besessen, obwohl ich eigentlich genau weiß, daß ich in Gottes Hand bin. Ich kann mich einfach nicht gegen diese Angst wehren; nur mit Medikamenten geht es etwas besser, aber ich habe Angst, süchtig zu werden."

Im Gefängnis der Angst

Die Betroffenen leben oft in panischer *Angst vor der Angst.* Deshalb vermeiden sie alles, was Angst auslöst oder verstärkt. Ein begabter junger Mann wagt keine Beförderung mehr anzunehmen, weil er jedes Mal von massiven Ängsten und Herzschmerzen befallen wird, wenn ihm vermehrte Verantwortung übertragen wird. Eine Hausfrau bleibt lieber in Sicherheit und Ruhe in ihrer Wohnung, als beim Einkauf ständig von der Angst geplagt zu werden, sie könnte jetzt ohnmächtig umfallen. Jedes Herzklopfen, jedes Unwohlsein bestärkt sie in ihrer Angst und treibt sie weiter in die Isolation.

Menschen mit Angstsyndromen leiden enorm unter ihren Grenzen, aber sie leben lieber einsam und zurückgezogen, als sich den schrecklichen Angstgefühlen auszusetzen, die sie aus früheren Erfahrungen kennen.

Nicht selten kommt es vor, daß ein Patient mit einem Angstsyndrom in einer guten Phase den Entschluß faßt, sich nun allmählich wieder Situationen auszusetzen, die früher Angst bei ihm erzeugten. Er wagt – vielleicht mit Hilfe eines Seelsorgers oder eines Therapeuten – erste Schritte. Anfänglich kann er das leichte Unbehagen noch unterdrücken, das in ihm aufsteigt, doch dann treten zunehmend wieder die alten Ängste auf. Schließlich kommt er an den Punkt, wo er den quälenden inneren Spannungen nicht mehr ausweichen kann. Nur allzu oft gibt er resignierend auf, um sich in die Sicherheit zurückzuziehen, in der er sich noch halbwegs wohl fühlt. Abbildung 6-1 zeigt schematisch diesen Sachverhalt.

Abb. 6-1: Angst als Hindernis auf dem Weg zum Ziel

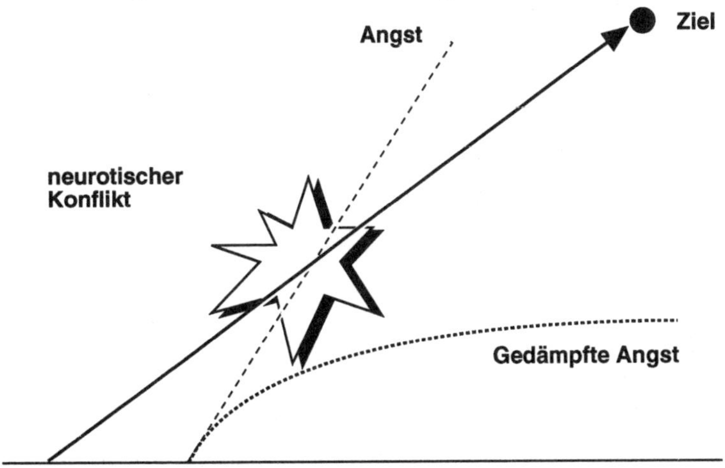

Die fette Linie zeigt den Weg zum Ziel (z.B. alleine einkaufen gehen). Aber nach einigen Schritten steigt allmählich die Angst auf (durchbrochene Linie) und wird immer stärker, bis der Kranke es vorzieht, von seinem Vorhaben abzulassen. Die punktierte Linie zeigt die (z.B. durch bewußte Entspannung oder durch Medikamente) gedämpfte Angst, die das Erreichen des Ziels ermöglicht.

Hilfe beim Angstsyndrom

Gibt es denn Möglichkeiten, diese Angst so weit zu dämpfen, daß dem Betroffenen wenigstens das Erreichen einfacher Ziele mit einem erträglichen Maß an Angst möglich wird? Könnte er sich nicht entspannen, wenn er nur wollte? Könnte er nicht von seinen Ängsten frei werden, wenn er nur einmal die Erlebnisse seiner

Kindheit aufgearbeitet hätte oder „innere Heilung" in Anspruch nähme?

Wie gerne würde ich mit einem einfachen Ja antworten. Doch wer einmal die Not und die vergeblichen Heilungsversuche eines Menschen mit einem schweren Angstsyndrom miterlebt hat, der wird vorsichtiger und barmherziger. Bei leichteren Ängsten können ja *Entspannungstechniken* verschiedenster Art hilfreich sein.[2] Doch bei schweren Angstsyndromen reichen sie nicht aus. Mehr noch: das Erlebnis, auch durch bewußtes Entspannen nur wenig Linderung zu erfahren, führt beim Patienten zu neuen Ängsten. Ähnlich frustrierend sind die Erfahrungen angstneurotischer Menschen in erfahrungs-betonten *Psychotherapien*, die oftmals gerade das Gegenteil bewirken, nämlich eine Verstärkung der Angst und weiteren Rückzug in die Resignation.[3]

So bleibt denn die Frage nach einer direkten Beeinflußung der Hirn-Biochemie durch *Medikamente*. Heute weiß man, daß es im Gehirn Rezeptoren gibt, an die sich *Beruhigungsmittel* wie z.B. Valium, aber auch Alkohol binden und zu einer deutlichen Entspannung führen. Auf diesem Hintergrund läßt sich verstehen, warum der Alkoholismus und der Mißbrauch von Tranquilizern so verbreitet ist.

Dieser Gefahren sollte man sich sehr bewußt sein, doch dürfen sie nicht darüber hinwegtäuschen, daß es auch Krankheitsbilder gibt, bei denen man mit Hilfe von Beruhigungsmitteln eine deutliche Besserung herbeiführen kann. Gerade bei den beschriebenen Angstsyndromen können die Medikamente den Patienten soweit entlasten, daß die Angst in einem erträglichen Maß bleibt. Neuere Studien zur Suchtentwicklung haben im übrigen gezeigt, daß man das Problem überbewertet hatte.[4] Viele Patienten steigern die Dosis nicht und gehen sehr verantwortungsbewußt mit den Mitteln um.

Dies wird um so besser erreicht, wenn sie sich vom Arzt angenommen fühlen und von ihm ermutigt werden, mit den Grenzen zu leben, die ihnen durch ihre Ängste gesetzt sind. Und hier liegt auch eine wichtige *Aufgabe des Seelsorgers*. Die Bibel beschreibt wie wohl kaum ein Buch einfühlsam und doch realistisch die Angst des Menschen. Jesus verheißt seinen Jüngern nicht in jedem Fall völlige Angstfreiheit, aber er sagt ihnen zu: „In der Welt habt ihr Angst, aber seid getrost, ich habe die Welt überwunden."[5]

Zwangssyndrom: Wenn die Lenkung der Gedanken versagt

Der 25jährige Bankangestellte sah kerngesund aus. Und doch war er seit einem halben Jahr nicht mehr arbeitsfähig. Begonnen hatte sein Leiden vor einigen Jahren. Beim Geldzählen plagte ihn zunehmend die Angst, er könnte einen Fehler machen. Oft mußte er mehrmals kontrollieren, ob er die Scheine richtig gezählt hatte.

Durch eine Grippe wurde er weiter geschwächt. Er wagte sich kaum mehr zur Arbeit, weil er fürchtete, die andern würden seine Störung merken. Wenn er ein Blatt in die Schreibmaschine einspannte, mußte er den Vorgang zehnmal wiederholen. Erhielt er persönliche Post, so kontrollierte er zuerst jeden Buchstaben auf dem Umschlag. Oft dauerte es eine halbe Stunde, bevor er den Brief öffnen konnte. Ging er zur Toilette, so wußte seine Familie, daß sie nun für eine Stunde besetzt war.

Der Zwang griff auch auf sein geistliches Leben über. Jede kleinste Sünde mußte sofort bekannt werden, und zwar mit den Knien parallel zum Muster des Teppichs, das Gesicht in den Händen. Oft mußte er das Gebet mehrmals wiederholen, weil er nicht sicher war, ob er alles richtig gemacht hatte.

Sein Tag war von komplizierten Ritualen und quälenden Gedankenimpulsen ausgefüllt. Nur während des Schlafes fand er für einige Stunden Ruhe. Er wußte genau, daß seine Gedanken unsinnig und seine Handlungen unnötig waren. Versuchte er ihnen aber zu widerstehen, so entwickelte sich eine unheimliche Spannung und Angst in ihm, die erst nachließ, wenn er den Impulsen nachgab.

Dieses Beispiel illustriert das Leiden, das durch ein Zwangssyndrom verursacht werden kann. Die Störung ist glücklicherweise selten (etwa 5 auf 10000) und verläuft nicht immer so dramatisch wie im geschilderten Fall.

Man unterscheidet ja zwischen Zwangsgedanken, Zwangsimpulsen und Zwangshandlungen. *Zwangsgedanken* sind bestimmt von Ängsten (z. B. es könnte einem selbst oder jemand anderem etwas zustoßen) oder von Schuldgefühlen (man könnte sich versündigen, oder man sei schuld am Unglück anderer). *Zwangsimpulse* sind oft beherrscht von dem Drang, etwas Gefährliches oder Ungebührliches zu tun (z. B. die Zunge herausstrecken) oder – besonders quälend für Christen – Obszönes oder Flüche aussprechen. Der Kranke führt zwar den Impuls nicht aus, leidet aber wegen seines feinen Gewissens enorm darunter. *Zwangshandlungen* schließlich äußern sich in wiederholten Tätigkeiten, z. B. Zähl-, Kontroll- oder Waschzwang.

Wie es zu diesen Zwängen kommt, das ist bis heute nur unzureichend geklärt. Neue Forschungen haben aber überzeugend gezeigt, daß es sich bei dieser Krankheit um eine komplizierte Funktionsstörung des Gehirns handelt.[6] Offenbar ist es in diesen Fällen nicht in der Lage, die Gewißheit über eine Information (z. B. über die Sauberkeit der Hände) richtig zu speichern, so daß es ständig und außerhalb der Willenskontrolle neue Handlungs- und Gedanken-Impulse aussendet.

Befreiung nicht erzwingen

Bis heute gibt es *keine umfassende Therapie* gegen das Zwangssyndrom. Die Befreiung von Zwängen läßt sich nicht erzwingen. Wohl wurden über die Jahre von allen großen Psychotherapeuten elegante Theorien über die Ursachen solcher Zwänge aufgestellt, doch der therapeutische Erfolg blieb bescheiden. „Der Zwang", so sagt man, „ist der Psychoanalyse liebstes, aber auch ihr schwierigstes Kind." Ähnliches gilt auch für seelsorgerliche Ansätze bei schweren Zwängen.

Immerhin können *Medikamente* (speziell „Anafranil") bei cirka der Hälfte der Zwangskranken eine deutliche Linderung der Beschwerden bringen. Besonders viel Hoffnung kann man vermitteln, wenn es sich um eine vorübergehende Zwangssymptomatik bei einer allgemein wenig belastbaren Persönlichkeit handelt. Hier kommt es häufig mit der Zeit zu einer Besserung der Beschwerden, ohne daß eine besondere Therapie durchgeführt wird.

Was kann der Arzt und der Seelsorger für den Zwangskranken und für seine Angehörigen tun? Für sie ist es schon unendlich wertvoll, wenn sie mit ihrer Not angenommen werden. Denn der Kranke erfährt wegen seines gesunden Aussehens oft nur wenig Verständnis von seiten der Umgebung. Man kann kaum glauben, daß er nicht arbeiten kann. Eine wichtige Aufgabe der Betreuer ist es deshalb, den Kranken ernst zu nehmen und ihm im Rahmen seiner Grenzen eine sinnvolle Beschäftigung zu vermitteln. Offene Gespräche in regelmäßigen Abständen werden von den Betroffenen als echte Entlastung empfunden, auch wenn das Problem der Zwangskrankheit bestehen bleibt.

Die hysterische Persönlichkeit

Während sich Menschen mit neurotischen Ängsten, Zwängen und Depressionen von anderen zurückziehen, versuchen hysterische Personen, möglichst die Aufmerksamkeit auf sich zu lenken. Arzt und Seelsorger begegnen hier nicht gehemmten und verhärmten „Mauerblümchen", sondern attraktiven, lebhaften und ausdrucksstarken Persönlichkeiten, in der überwiegenden Mehrzahl Frauen.

Auch sie haben Angst. Doch anders als bei den bisher geschilderten Störungen haben hysterisch reagierende Menschen „Angst vor dem Endgültigen, Unausweichlichen, vor der Notwendigkeit und der Begrenztheit unseres Freiheitsdranges"[7]. Sie sind *erlebnis-orientiert* und reagieren auf jede Erfahrung mit starken Gefühlen, die von überschwenglicher Begeisterung bis zu abgrundtiefer Enttäuschung und Wut reichen können. Nichts langweilt sie mehr als die Routine eines geregelten Lebens. Sie sind leicht zu beeindrucken, übermäßig autoritätsgläubig und übernehmen eine Überzeugung intensiv und schnell, nur um sie nach einer Enttäuschung genau so rasch wieder zu ändern.

Diese Eigenschaften führen zu großen *zwischenmenschlichen Problemen*. Hysterische Persönlichkeiten wirken zwar am Anfang charmant und schließen schnell Freundschaften. Ist eine Beziehung aber einmal aufgebaut, so werden sie anspruchsvoll, ichbezogen und rücksichtslos. In ihrer Sehnsucht nach bedingungsloser Annahme und Anerkennung machen sie sich übermäßig abhängig von andern und nehmen sie völlig in Beschlag. Versucht der andere, sich etwas mehr Freiraum zu verschaffen, so kommt es zu Vorwürfen und dramatischen Gefühlsausbrüchen. Hilfloses Sich-Anklammern kann sich bis zum Selbstmordversuch steigern. Durch ihr unreifes Verhalten zerstören sie gerade diejenigen Beziehungen, nach denen sie sich so sehr sehnen.

Sexuelle Probleme sind häufig. Hysterische Personen leiden oft unter überhöhten Erwartungen an sich selbst und an ihren Partner und neigen zur Flucht in sexuelle Phantasien. Die Wirklichkeit ist meist ganz anders, und Enttäuschungen sind vorprogrammiert.

Oft klagen sie auch über schlechte Gesundheit, allgemeine Schwäche und Kopfschmerzen. In Zeiten großer Belastung kann es vorübergehend zu psychoseähnlichen Empfindungen kommen.[8] So klagte mir eine Frau während einer Krise, sie habe oft den Eindruck, sie sehe die Welt um sich herum ganz verzerrt, wie durch verzogenes Glas. Manchmal fühle sie sich wie eine Zuschauerin im Theater des Lebens. Mit der Genesung traten diese Störungen wieder in den Hintergrund.

Es erstaunt nicht, daß hysterische Menschen oft unter Zeiten intensiver Verstimmung leiden, insbesondere, wenn sich die äußeren Umstände verändern und es zum Abbruch von Beziehungen kommt. *Depressionen* können die Folge sein.[9] Selten einmal kommt es zu sogenannten *Konversionssymptomen*: die Betroffenen drücken ihre innere Hilflosigkeit beispielsweise dadurch aus, daß sie eine Lähmung der Beine entwickeln, die sich organisch nicht erklären läßt. In diesen Fällen spricht man von einer hysterischen Neurose im engeren Sinne.

Grenzen setzen

Hysterische Patienten sind eine besondere Herausforderung an Arzt und Seelsorger. Denn oft ist man nicht sicher, was nun echt und was gespielt ist. Der Seelsorger muß oft am eigenen Leib erfahren, wie die Person üblicherweise mit anderen Menschen umgeht. Sie sind auch dem Betreuer gegenüber unberechenbar.

Anfangs wird man vielleicht mit Komplimenten überhäuft: „Sie sind der erste Mensch, der mich ernst nimmt und mir zuhört." „Sie verstehen meine Probleme und gehen darauf ein. Sie sind ein wunderbarer Seelsorger!" Doch dann wird immer mehr gefordert – häufige Telefonate, oft zu unmöglichen Zeiten, der Wunsch nach Hausbesuchen und anderen Zeichen besonderer Zuwendung.

Ihre Klagen bringen sie oft in dramatischer Form in die Sprechstunde, mit Details garniert, die einen immer wieder fragen lassen, ob hier nicht übertrieben wird. Doch die Betroffenen sind felsenfest von ihren Erlebnissen überzeugt und reagieren auf prüfende Rückfragen des Seelsorgers mit Vorwürfen und Zweifeln an seiner Fähigkeit, sie zu verstehen.

Christen mit hysterischen Zügen neigen dazu, ihre Erlebnisse durch übernatürliche Einwirkungen zu erklären. Oft steigern sie sich so in ihre Vorstellungen okkulter Kräfte hinein, daß sie die farbigsten Beschreibungen dämonischer Belästigungen geben können. Vom Seelsorger fordern sie dann eine Freibetung von ihrer „Besessenheit". Dabei spielen sich oft dramatische Szenen ab, die die Anwesenden von der dämonischen Besessenheit der Ratsuchenden überzeugen sollen. Wagt es ein Pfarrer, ihren Wünschen Grenzen zu setzen, so können die Betroffenen äußerst enttäuscht und schroff reagieren. Nicht selten wird dann zu einem Seelsorger gewechselt, der „mehr Vollmacht" hat.

Damit soll die Rolle geistlichen Beistands während hysterischer Krisen nicht herabgespielt werden. Bibelworte und Gebete können zu einer eindrücklichen Beruhigung und Lösung der inneren Nöte führen. Andererseits erscheint den Betroffenen häufig die „nüchterne", auf Trost und Mittragen ausgerichtete Seelsorge zu wenig, denn es kommt dadurch nicht zu den von ihnen erwarteten schlagartigen Änderungen.

Es wäre nun aber falsch, das Verhalten hysterischer Frauen als „Theater" abzutun. Auch hier handelt es sich um ein Verhaltensmuster besonders sensibler Personen, das sie nicht immer voll steuern können. Ja, sie sind im Nachhinein oft selbst entsetzt, wenn sie merken, wie sie sich von ihren Gefühlen forttragen ließen. Mit der allgemeinen Beruhigung des Zustandsbildes kommt es meist auch zur Rückbildung der hysterischen Zeichen.

Was diese Menschen in den tosenden Wellen ihrer Empfindungen brauchen, ist ein Fels, der ihnen Halt, Schutz und Ufer bietet; ein Seelsorger also, der sie ernst nimmt, aber ihren Gefühlen mit nüchterner Gelassenheit entgegentritt und die nötigen Grenzen setzt; ein Seelsorger, der auch in unreifen Trotzreaktionen fest bleibt, ohne sie zu verstoßen, und ein Seelsorger, der sie trotz ihrer Abhängigkeitswünsche zur Selbständigkeit ermutigt und begleitet.[10]

Macht der Glaube neurotisch?

Häufig verbergen sich hinter seelsorglichen Fragen und Anliegen neurotische Konflikte und Unsicherheiten. Besonders schmerzlich wird der Seelsorger berührt, wenn das Glaubensleben eines Menschen von Ängsten, Zwängen und hysterischem Verhalten geprägt wird. Denn es sind nicht nur die Lauen und Widerspenstigen betroffen, auch aufrichtige und ernste Christen können unter geistlich gefärbten Neurose-Symptomen leiden.

So kommt es nicht von ungefähr, daß man in der Literatur dem Begriff der „ekklesiogenen“ (kirchlich bedingten) Neurosen begegnet. In einer umfangreichen Studie beschreibt beispielsweise der evangelische Theologe und Psychotherapeut Helmut Hark die Problematik religiöser Neurosen.[11]

Den Begriff der „ekklesiogenen Neurose“ definiert er folgendermaßen: „Die ekklesiogene Neurose benennt in dem vielschichtigen Bereich der Seelenkrankheiten jene, die im religiösen Gewande einhergeht und durch übertriebene Religiosität ausgelöst wird. Ob Frömmigkeit und Glaube als Seelengift krank machen oder als Heilmittel zur Seligkeit wirken, ist eine Frage der Dosis und der religiösen Erziehung von Eltern, Schule und Kirche.“[12] Der landläufigen, wenn auch längst überholten Behauptung, Religion mache krank, tritt er mit Entschiedenheit entgegen und belegt dies mit Zahlen. Er verglich anhand eines ausführlichen Fragebogens 139 Patienten, die aufgrund ihrer seelischen Schwierigkeiten um Therapie nachsuchten, mit 234 Personen einer „gesunden“ Kontrollgruppe. Dabei kam er zu folgenden Schlußfolgerungen:

„Bei der genannten Patientengruppe konnte ein Zusammenhang zwischen den psychoneurotischen Schwierigkeiten und der religiösen Orientierung ermittelt werden. Es ließ sich statistisch belegen: Je ausgeprägter die psychische Problematik ist, desto geringer ist das Ausmaß der religiösen Orientierung und Frömmigkeit. Im umgekehrten Fall ließ sich ermitteln, daß eine ausgewogene religiöse Orientierung die psychischen Schwierigkeiten vermindert. Unsere Untersuchung bestätigt damit die im Einzelfall gemachte Erfahrung, daß die Neurose das Glaubensleben beeinträchtigt und stört, während eine positive Frömmigkeit zur Heilung der Störungen beiträgt.“[13]

Möglichkeiten und Grenzen der Seelsorge

Welche Möglichkeiten hat denn der Seelsorger, dem an einer Neurose Leidenden aus biblischer Sicht zu helfen? Manches ist schon in den Abschnitten zu den einzelnen Krankheitsbildern angeklungen. Das Wissen um die Annahme durch den Berater, die Möglichkeit zur Aussprache und das gemeinsame Gebet können für den Kranken enorm wohltuend und beruhigend sein. Dem Seelsorger steht für das persönliche Gespräch und für die seelsorgliche Predigt ein Reichtum an biblischen Vorbildern zur Verfügung, die immer wieder zeigen: gerade die Schwachen in ihrer Not und mit ihren Grenzen hat Gott erwählt, um seine Kraft zu zeigen. Oft ist es auch wichtig, dem Hilfesuchenden zu einem neuen Gottesverständnis zu verhelfen.[14]

Und doch wird dem Einsatz des Seelsorgers bei schweren Zustandsbildern nicht immer Erfolg beschieden sein. Soll er sich dann wirklich damit begnügen, den Ratsuchenden zu trösten und zu tragen? Braucht es nicht eine Konfrontation mit seinen unbewußten Konflikten und verborgenen Motiven? Sollte er nicht endlich seine angestauten Gefühle einmal abreagieren? Fehlt es ihm nicht einfach an erfülltem geistlichem Leben?

Der Therapievorschläge in der Seelsorge- und in der Psycho-Literatur sind Legion. Und doch fällt es auf, wie viele Neurosekranke mit der Zeit ihre Odyssee von Therapie zu Therapie abbrechen und sich in die Einsamkeit zurückziehen, ohne daß die Behandlung ihnen die ersehnte Heilung gebracht hätte.[15] Diese Mißerfolge sind auch für Seelsorger und Therapeuten schwer zu verkraften. Nicht selten geben sie dann dem Kranken, seinen Eltern oder aber ihrer eigenen Unfähigkeit die Schuld.

Doch sind diese Menschen wirklich nur unwillig zu Veränderung? Oder verlangen die Therapeuten vielleicht zu viel? Ich frage mich manchmal, ob der Machbarkeitswahn unseres technisierten Zeitalters nicht auch auf die Seelsorge und Therapie der Neurosen übertragen wird, wenn auch die Aussagen mit einem dichten Netz von christlichen und psychotherapeutischen Floskeln getarnt werden.

Einfühlsame Barmherzigkeit

Für die Betreuung eines Menschen, der an einer langdauernden Neurose leidet, scheint mir die einfühlsame Barmherzigkeit des Seelsorgers besonders wichtig. Er sollte in der Lage sein, hinter den vordergründigen Glaubensfragen und -zweifeln die krankhaft sensible Persönlichkeit des Ratsuchenden zu erkennen und ihm entsprechend zu begegnen. Das folgende Zitat von Blumhardt spiegelt etwas von der grundsätzlichen Haltung des Seelsorgers gegenüber nervlich schwachen Menschen wider:

„Ich mute den Angefochtenen in der Regel nicht zu viel zu, daß ich sie gleichsam zwingen wollte, mit aller Macht sich zusammenzunehmen. Denn ich habe schon üble Folgen davon gesehen. Da bleibe ich bei dem Rat: ‚Tue, was du kannst; und zwingst du es nicht leicht, so ergib dich und verhalte dich ruhig, fürchte auch nicht, daß gleich alles gar verloren sei. Schaden kann es dir nicht, wenn du wider Willen dich gebunden und übel gestimmt gegen Gott und Göttliches fühlst.‘

Ich möchte Weiteres zur Beruhigung sagen. Du mußt in harten Anfechtungen nicht gerade meinen, du müssest zu deiner Erbauung gerade eine Bibel oder sonst ein Buch dir aufzuzwingen suchen. Wenn du da je und je erfährst, daß jedes Wort an dir herunterläuft, so begreife ich das schon; denn wenn just eben das Fremde oben ist, so kommst du zu keinem Segen, du magst lesen, was du willst. So ist es auch, wenn Widerwille gegen das Gebet da ist. Was hilft es, sich dazu zu zwingen? Da sage ich oft geradezu: Laß es! Mußt du denn gerade so beten, weil man meint, daß es allein gebetet sei? Man kann es sehr einfach machen und so, daß der Arge gleichsam gar keinen Rang findet, es zu hindern. Denke doch, wie du die ganze Bibel schon in dem einfachen Vaterunser hast. Da ist vom Namen, vom Reich, vom Willen Gottes die Rede, von der freundlichen Fürsorge Gottes zum Brotgeben, von der Vergebung der Sünden, und wie auch du vergibst, von der Bitte gegen die Versuchung…“ [16]

Man beachte, mit welch selbstverständlicher Einfühlung Blumhardt die Zwänge des „Angefochtenen“ annimmt, ohne in geistliche Deutungen oder in psychologischen Jargon zu verfallen. Er greift die Sprache des Ratsuchenden auf der Ebene seiner Glaubensnöte auf und entlastet ihn durch die Hinweise auf einfache biblische

Grundwahrheiten. Diese Haltung bewahrt den Seelsorger davor, den Leidenden als „unwilligen Sünder“ und „steten Zweifler“ zu verurteilen und abzuschieben. Auch wenn es momentan nicht zur ersehnten Heilung kommt, so erwächst daraus die Kraft, ihn in seiner Schwachheit mit Geduld und Liebe zu begleiten.

Kapitel 7

Depressionen – ein Überblick

„Ich weiß nicht, was mit mir los ist. Seit etwa zwei Monaten habe ich keine Kraft mehr. Nichts macht mir Freude." Der sonst so sichere Geschäftsmann sprach mit leiser, tonloser Stimme, den Blick gesenkt. „Morgens erwache ich schon um vier Uhr – erfüllt von einer quälenden Unruhe und dumpfer Angst vor dem neuen Tag. Ich bin zu nichts mehr fähig – ein völliger Versager. Ich wage es kaum mehr, einen Kunden anzurufen. Mir gibt doch keiner mehr Aufträge."

Er atmete schwer. „Aber das schlimmste ist: auch Gott hat mich verlassen. Die Bibel, die mir früher so viel gegeben hat, spricht mich nicht mehr an. Jedes Mal, wenn ich beten will, klage ich mich selber an. Ich bin voller Zweifel. Einen Menschen wie mich kann Gott nicht mehr hören. Ich sehe keinen Ausweg mehr. Gibt es noch Hilfe für mich?"

Verzweifelte Suche nach Hilfe

Zuerst hatte Herr Lang selbst versucht, seine Probleme zu bekämpfen. Er schluckte Vitamine und betrieb mehr Sport, aber der Druck nahm zu. Seine Frau wußte nicht, wie sie ihn ermutigen sollte, wenn er über seine Schwierigkeiten klagte. Im Hauskreis erhielt er ein Buch über Auswege aus Depressionen. Er versuchte, mehr zu beten, bekannte sein Selbstmitleid und dankte Gott auch für seine Schwierigkeiten. Doch die dunklen Wolken wichen nicht. Selbst das Freisprachegebet eines bekannten Seelsorgers brachte nicht den ersehnten Frieden.

Herr Lang sah so viele Sünden in seinem Leben, daß er vom Arzt nichts erwartete. So klagte er ihm nur über Schmerzen in der Herzgegend, sagte aber nichts über seine innere Verfassung. Das EKG fiel normal aus, und der Arzt verfolgte das Problem nicht weiter.

Nach einigen Gesprächen mit seinem Gemeindeprediger erkannte dieser, daß es sich hier wohl um eine schwere Depression handelte, und überwies ihn an mich. Happy end? Keineswegs. Es brauchte Monate der Begleitung und der Behandlung mit Medikamenten. Der Weg zur Heilung war mit vielen Schlaglöchern übersät. Hoffnungsvolle Tage wurden abgelöst durch neue Dunkelheit. Doch allmählich lasteten die schwarzen Wolken nicht mehr so schwer auf seinem Gemüt. Immer wieder öffneten sich, wie Herr Lang es einmal sehr schön sagte, „Fenster der Freude". Heute ist Herr Lang wieder voll im Geschäft, und was ihm noch wichtiger ist: er kann wieder mit Freude Gottes Wort lesen und aktiv in seiner Gemeinde mitarbeiten. Seine Odyssee von einem Therapieversuch zum nächsten ist typisch für viele Menschen, die an Depressionen erkrankt sind.

Christen scheinen es oft besonders schwer zu haben, ihren Zustand zu verstehen und die nötigen Maßnahmen zu ergreifen. Sie leiden darunter, daß auch der Glaube an Gott, der sonst ihr Leben prägt und trägt, sie nicht vor der Wanderung durchs dunkle Tal bewahren kann. Und doch möchten sie ihre Not auch im Lichte der Bibel begreifen. Das wird ihnen nicht immer leicht gemacht. Sie passen nicht ins Klischee des siegreichen Christen. Wie soll man Menschen verstehen, die nicht immer Freude, Friede und Hoffnung erleben, die doch durch die Bibel verheißen sind? Mehr noch: Wie kann man Menschen helfen, die nicht nur an einer vorübergehenden Verstimmung, sondern an *schweren Depressionen* leiden?

Die meisten christlichen Bücher beschäftigen sich mit Zuständen, die in der Psychiatrie als *leichte bis mittelgradige* Depressionen bezeichnet würden. Die darin enthaltenen Ratschläge sind zur Bewältigung vorübergehender Bedrückung ermutigend, wirksam und auch biblisch. Aber für Christen, die an *schweren endogenen Depressionen* leiden, habe ich mit zwei Ausnahmen wenig Hilfen gefunden.[1] Mein Ziel in den folgenden zwei Kapiteln ist es deshalb aufzuzeigen,

- anhand welcher Kriterien eine schwere Depression erkannt werden kann,

- welche Zusammenhänge zwischen Biochemie, Umwelt, Erlebnisverarbeitung und Verhalten bestehen,
- wie schwere Depressionen verlaufen,
- welche Auswirkungen eine Depression auf das Glaubensleben hat,
- wie man schwer Depressive seelsorglich begleitet und
- wie man mit dem Arzt und Psychiater zusammenarbeiten kann.

Wie erkennt man eine Depression?

Die Depression hat viele Gesichter. Ein schwarzer Schleier mit vielfältigen Mustern und Maschen verdüstert den Blick. Bevor wir also über Formen, Ursachen und Behandlung der Depression sprechen, wollen wir zuerst die verschiedenen „Gewebemuster" betrachten, die schließlich die Diagnose einer Depression erlauben.

Die Kriterien für eine typische depressive Episode werden in Tabelle 7-1 wiedergegeben. Beachten Sie insbesondere die *Dauer*: Für die Diagnose einer typischen (schweren) Depression müssen *mindestens vier Symptome mindestens zwei Wochen lang* vorhanden sein. *Leichtere Depressionen* hingegen dauern weniger lang und zeigen weniger ausgeprägte Symptome. Wenn beispielsweise jemand während einiger Tage niedergedrückter Stimmung ist (daneben aber arbeitsfähig bleibt) und wegen seiner Sorgen schlecht schläft, so würde dies noch keine schwere Depression darstellen. Dennoch sollte man diese Beschwerden ernst nehmen, kann doch eine leichtere Verstimmung mit der Zeit in eine schwere Depression übergehen.

Die *körperlichen Begleitsymptome* sind in Tabelle 7-2 zusammengefaßt. Die beiden Tabellen zeigen, wie eng Seele und Leib, Psyche und Soma, miteinander verwoben sind. Bei jeder seelischen Erschütterung schwingt auch das vegetative Nervensystem mit. Atmung, Herz und Verdauung verändern ihren Takt und lassen auf ihre Weise die Not der Seele zum Ausdruck kommen.

Tabelle 7-1:
Kriterien zur Diagnose einer schweren Depression[2]

A. Verlust von Interesse und Freude an allen oder fast allen Aktivitäten und Zerstreuungen. Gemütsverstimmung: depressiv, traurig, trübsinnig, niedergeschlagen, tief am Boden, reizbar. Rasche Gefühlsschwankungen sind hingegen nicht typisch für eine Depression.

B. Mindestens vier der folgenden Symptome müssen *nahezu jeden Tag wenigstens zwei Wochen lang* bestanden haben:

1. schlechter Appetit oder erhebliche Gewichtsabnahme (ohne Diät) oder Appetitsteigerung mit Gewichtszunahme
2. Schlaflosigkeit oder vermehrter Schlaf
3. innere und äußere Ruhelosigkeit oder Verlangsamung
4. Verlust von Interesse oder Freude an allen üblichen Aktivitäten oder Nachlassen des Geschlechtstriebes
5. Energieverlust, Erschöpfung
6. Gefühl der Wertlosigkeit, Selbstvorwürfe oder übermäßige und ungerechtfertigte Schuldgefühle
7. Klagen über verminderte Denk- und Konzentrationsfähigkeit, Entscheidungsunfähigkeit
8. wiederkehrende Gedanken an den Tod, Todeswunsch, Selbstmordgedanken oder Suizidversuch

C. An eine andere Krankheit muß gedacht werden, wenn nicht-depressive Wahnideen und bizarres Verhalten auftreten oder wenn die Depression sich an eine vorausgegangene Psychose anschließt.

Tabelle 7-2:
Körperliche Begleiterscheinungen der Depression:
(nicht immer vorhanden)

- Kopfschmerzen, Schwindelgefühl, Mundtrockenheit
- Druck- und Engegefühl im Hals und über der Brust
- Schweißausbrüche, Herzklopfen, Herzbeklemmung, Rhythmusstörungen, Schmerzen in der Herzgegend
- Magenschmerzen, Druckgefühl, Blähungen, Verstopfung oder Durchfall
- Harndrang, Unterleibsschmerzen, gestörte Sexualfunktion
- allgemeine Kraftlosigkeit und fehlende Frische

Gezielte Fragen geben der Störung bald klarere Konturen. Hier sind *Beispiele für Schlüsselfragen*[3], die der Seelsorger oder der Arzt stellen sollten:

- Können Sie sich noch freuen?
- Wie steht es mit Ihrem Interesse an...? Ist es noch wie früher?
- Sind Sie weniger initiativ als noch vor Wochen oder Monaten?
- Fühlen Sie sich tagsüber erschöpft, ohne Schwung?
- Fühlen Sie sich nervös, innerlich gespannt, ängstlich?
- Fällt es Ihnen schwer, Entscheidungen zu treffen?
- Haben Sie Schlafstörungen?
- Haben Sie Schmerzen? Verspüren Sie einen Druck auf der Brust?
- Haben Sie wenig Appetit, haben Sie an Gewicht verloren?
- Haben Sie Schwierigkeiten in sexueller Hinsicht?
- Neigen Sie in letzter Zeit vermehrt zum Grübeln?
- Plagt Sie das Gefühl, Ihr Leben sei sinnlos geworden?

Christen werden zusätzlich darüber klagen, daß sie „keine Freude mehr am Herrn" hätten, daß die Bibel nicht mehr zu ihnen spreche und daß sie Mühe mit dem Gebet hätten. Sie seien sich ihrer Errettung nicht mehr sicher und würden sich wegen ihrer Schuld von Gott verworfen fühlen. Sie haben nicht nur Angst vor anderen Menschen und vor jeder Anforderung im täglichen Leben, sondern Angst vor einem (depressiv verzerrten) strafenden und rächenden Gott. Depression bedeutet oft Zerbruch. Alles, was dem Leben früher Sinn gegeben hat, zerfällt und gibt keinen Halt mehr. Oft geht auch der Glaube eines Menschen durch eine tiefe Krise. Der dunkle Schleier der Depression legt sich nicht nur auf das Alltagserleben, sondern auch auf die Erfahrung der Gegenwart Gottes.

Alle diese Beschwerden können in *verschiedenen Schweregraden* auftreten, in mannigfaltig abgestuften Grautönen wie die Schindeln einer verwitterten Hauswand. Eine wertvolle Hilfe zur Feststellung des Schweregrades einer Depression bietet das *Becksche Depressionsinventar* (BDI).[4] Erreicht ein Ratsuchender weniger als 11 Punkte, so liegt keine Depression vor, bei 12–19 Punkten besteht eine *leichte* Depression, 20–26 Punkte deuten auf eine *mittelgradige* und über 26 Punkte auf eine *schwere* Depression hin (sofern die Symptome zudem auch länger als zwei Wochen andauern).

Tabelle 7-3:
Becksches Depressionsinventar

Dieser Fragebogen enthält Gruppen von Aussagen. Bitte lesen Sie jede Gruppe sorgfältig durch. Suchen Sie dann die eine Aussage in jeder Gruppe heraus, die am besten beschreibt, wie Sie sich in *dieser Woche einschließlich heute* gefühlt haben! Machen Sie um die Ziffer der von Ihnen gewählten Aussage einen Kreis. Falls mehrere Aussagen in einer Gruppe gleichermaßen zuzutreffen scheinen, können Sie auch mehrere Ziffern markieren. *Lesen Sie auf jeden Fall alle Aussagen in jeder Gruppe, bevor Sie Ihre Wahl treffen.*

A 0 Ich fühle mich nicht traurig.
1 Ich fühle mich traurig.
2 Ich bin die ganze Zeit traurig und komme nicht davon los.
3 Ich bin so traurig oder unglücklich, daß ich es kaum noch ertrage.

B 0 Ich sehe nicht besonders mutlos in die Zukunft.
1 Ich sehe mutlos in die Zukunft.
2 Ich habe nichts, worauf ich mich freuen kann.
3 Ich habe das Gefühl, daß die Zukunft hoffnungslos ist und daß die Situation nicht besser werden kann.

C 0 Ich fühle mich nicht als Versager.
1 Ich habe das Gefühl, öfter versagt zu haben als der Durchschnitt.
2 Wenn ich auf mein Leben zurückblicke, sehe ich bloß eine Menge Fehlschläge.
3 Ich habe das Gefühl, als Mensch ein völliger Versager zu sein.

D 0 Ich kann die Dinge genauso genießen wie früher.
1 Ich kann die Dinge nicht mehr so genießen wie früher.
2 Ich kann aus nichts mehr eine echte Befriedigung ziehen.
3 Ich bin mit allem unzufrieden oder gelangweilt.

E 0 Ich habe keine Schuldgefühle.
1 Ich habe häufig Schuldgefühle.
2 Ich habe fast immer Schuldgefühle.
3 Ich habe immer Schuldgefühle.

F 0 Ich habe nicht das Gefühl, gestraft zu sein.
1 Ich habe das Gefühl, vielleicht bestraft zu werden.
2 Ich erwarte, bestraft zu werden.
3 Ich habe das Gefühl, bestraft zu gehören.

G 0 Ich bin nicht von mir enttäuscht.
1 Ich bin von mir enttäuscht.
2 Ich finde mich fürchterlich.
3 Ich hasse mich.

H 0 Ich habe nicht das Gefühl, schlechter zu sein als alle anderen.
1 Ich kritisiere mich wegen meiner Fehler oder Schwächen.
2 Ich mache mir die ganze Zeit Vorwürfe wegen meiner Mängel.
3 Ich gebe mir für alles die Schuld, was schiefgeht.

I 0 Ich denke nicht daran, mir etwas anzutun.
1 Ich denke manchmal an Selbstmord, aber ich würde es nicht tun.
2 Ich möchte mich am liebsten umbringen.
3 Ich würde mich umbringen, wenn ich es könnte.

J 0 Ich weine nicht öfter als früher.
1 Ich weine jetzt mehr als früher.
2 Ich weine jetzt die ganze Zeit.
3 Früher konnte ich weinen, aber jetzt kann ich es nicht mehr, obwohl ich es möchte.

K 0 Ich bin nicht reizbarer als sonst.
1 Ich bin jetzt leichter verärgert oder gereizt als früher.
2 Ich fühle mich dauernd gereizt.
3 Die Dinge, die mich früher geärgert haben, berühren mich nicht mehr.

L 0 Ich habe nicht das Interesse an anderen Menschen verloren.
1 Ich interessiere mich jetzt weniger für andere Menschen als früher.
2 Ich habe mein Interesse an anderen Menschen zum größten Teil verloren.
3 Ich habe mein ganzes Interesse an anderen Menschen verloren.

M 0 Ich bin so entschlußfreudig wie immer.
1 Ich schiebe jetzt Entscheidungen öfter als früher auf.
2 Es fällt mir jetzt schwerer als früher, Entscheidungen zu treffen.
3 Ich kann überhaupt keine Entscheidungen mehr treffen.

N 0 Ich habe nicht das Gefühl, schlechter auszusehen als früher.
1 Ich mache mir Sorgen, daß ich alt oder unattraktiv aussehe.
2 Ich habe das Gefühl, daß in meinem Aussehen Veränderungen eingetreten sind, die mich unattraktiv machen.
3 Ich finde mich häßlich.

O 0 Ich kann so gut arbeiten wie früher.
1 Ich muß mir einen Ruck geben, bevor ich eine Tätigkeit in Angriff nehme.
2 Ich muß mich zu jeder Tätigkeit zwingen.
3 Ich bin unfähig, zu arbeiten.

P 0 Ich schlafe so gut wie sonst.
1 Ich schlafe nicht mehr so gut wie früher.
2 Ich wache 1 bis 2 Stunden früher auf als sonst, und es fällt mir schwer, wieder einzuschlafen.

3 Ich wache mehrere Stunden früher auf als sonst und kann nicht mehr einschlafen.

Q 0 Ich ermüde nicht stärker als sonst.
1 Ich ermüde schneller als früher.
2 Fast alles ermüdet mich.
3 Ich bin zu müde, um etwas zu tun.

R 0 Mein Appetit ist nicht schlechter als sonst.
1 Mein Appetit ist nicht mehr so gut wie früher.
2 Mein Appetit hat sehr stark nachgelassen.
3 Ich habe überhaupt keinen Appetit mehr.

S 0 Ich habe in letzter Zeit kaum abgenommen.
1 Ich habe mehr als zwei Kilo abgenommen.
2 Ich habe mehr als fünf Kilo abgenommen.
3 Ich habe mehr als acht Kilo abgenommen.

T 0 Ich mache mir keine größeren Sorgen um meine Gesundheit als sonst.
1 Ich mache mir Sorgen über körperliche Probleme wie Schmerzen, Magenbeschwerden oder Verstopfung.
2 Ich mache mir so große Sorgen über gesundheitliche Probleme, daß es mir schwerfällt, an etwas anderes zu denken.
3 Ich mache mir so große Sorgen über meine gesundheitlichen Probleme, daß ich an nichts anderes denken kann.

U 0 Ich habe in letzter Zeit keine Veränderung meines Interesses an Sex bemerkt.
1 Ich interessiere mich jetzt weniger für Sex als früher.
2 Ich interessiere mich jetzt viel weniger für Sex.
3 Ich habe das Interesse an Sex völlig verloren.

Auswertung

Addition der angekreuzten Werte, die vor jedem Satz stehen.
Höchstwert 63 Punkte.
Durchschnittwerte a) keine Depression 11 Punkte
b) schwache Depression 12–19 Punkte
c) mäßige Depression 20–26 Punkte
d) starke/schwere Depression 26 Punkte

Zuordnung und Auswertunghilfe liefert folgendes Schema:

Dimensionen	Punkte
A Dysphorie	
B Hoffnungslosigkeit	
C Versagensgefühle	
D Objektbezugsstörung	
E Schuldgefühle	
F Strafbedürfnis	
G Selbsthaß	
H Selbstvorwürfe	
I Suizidalität	
J Weinen	
K Reizbarkeit	
L Kontaktstörung	
M Entschlußunfähigkeit	
N Negative Selbstvorstellungen	
O Arbeitsunfähigkeit	
P Schlafstörungen	
Q Ermüdbarkeit	
R Appetitverlust	
S Gewichtsverlust	
T Hypochondrie	
U Libidoverlust	
Total	

Die Formen der Depression

Depressionen können in den verschiedensten Formen auftreten (vgl. Abbildung 7-1). Sie reichen von den rein körperlich bedingten Erkrankungen bis hin zur Depression, die als Reaktion auf äußere Umstände (Verlust von geliebten Menschen und wichtigen Dingen) auftritt.

Die Abbildung zeigt, daß bei jeder Depression zwei Komponenten mitspielen, nämlich die somatisch-biochemische (*endogene*) und die psychisch-reaktive (*psychogene*) Komponente.

Am deutlichsten ausgeprägt sind die *organischen* Anteile bei Depressionen, die in der Folge von Hirnverletzungen, Hirnhautentzündungen und Durchblutungsstörungen auftreten. Ausgeprägte Depressionen können auch die Folge einer schwächenden Krankheit sein. Nach einer schweren Grippe oder nach einer monatelangen Hepatitis (Gelbsucht) kommt es nicht selten zu längerdauernden depressiven Zuständen. Hier spricht man dann von einer *symptomatischen* Depression.

Unter einer *schizoaffektiven* Depression versteht man in der Psychiatrie depressive Zustandsbilder, die im Rahmen eines psychotischen bzw. schizophrenen Leidens (vgl. Kap. 9 bis 11) auftreten. Die Diagnose läßt sich hier erst nach einer langen Beobachtungszeit stellen. In jedem Fall handelt es sich um schwere Formen der Depression, bei denen auch der Bezug zur Wirklichkeit deutlich gestört ist.

Auf die *unipolaren* und die *bipolaren* Depressionen werde ich später eingehen. Unter einer *Spätdepression* versteht man eine schwere Depression, die im höheren Lebensalter auftritt und durch die Alterung des Gehirns mitbedingt wird. Schwerer ist es schon, die *neurotische Depression* einzuordnen. Diese Menschen leiden ganz besonders unter den seelischen Verletzungen, die sie durch andere Menschen erfahren haben. Als Auslöser für die Depression werden oft bedrückende Erlebnisse in Kindheit und Jugend angegeben, doch zeigt sich mit der Zeit, daß die Betroffenen das Leben allgemein schwerer nehmen und enorm empfindlich auf echte und vermeintliche Kränkungen reagieren. Man tut diesen Patienten aber Unrecht, wenn man ihre Depression nur als falsche oder gar sündige Reaktion bezeichnet. Die Abbildung zeigt sehr schön, daß hier auch Anlagefaktoren mitspielen, die es den Betroffenen schwerer machen, mit den normalen Enttäuschungen des Lebens umzugehen.

Abbildung 7-1: Die Formen der Depression

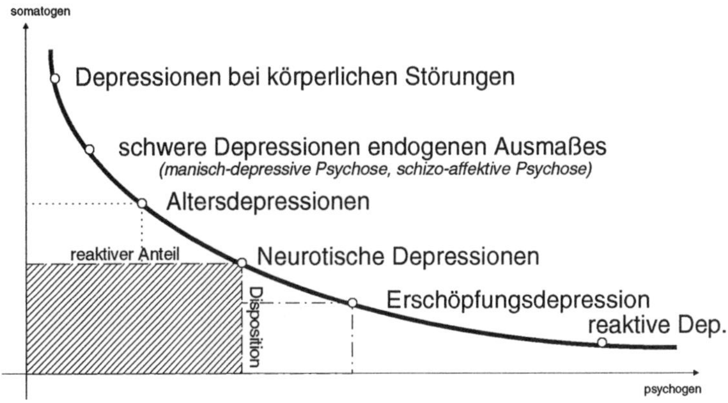

Wie entsteht eine Depression?

Über die Ursachen der Depression gibt es viele Theorien.[5] Ich möchte mich in diesem Kapitel bewußt darauf beschränken, dem Leser zu vermitteln, was nach heutigem Wissensstand bekannt ist und was auch der Seelsorger im Umgang mit depressiven Menschen beobachten kann.

Im obigen Schema scheint die Unterscheidung zwischen den einzelnen Depressionsformen eindeutig und klar. Doch äußere und innere Ursachen, Seele und Leib lassen sich nicht so fein säuberlich trennen, wie wir das gerne hätten. *Sie beeinflussen sich gegenseitig*. Ich habe versucht, diese Zusammenhänge in Abbildung 7-2 darzustellen.

Abbildung 7-2: Entstehung der Depression

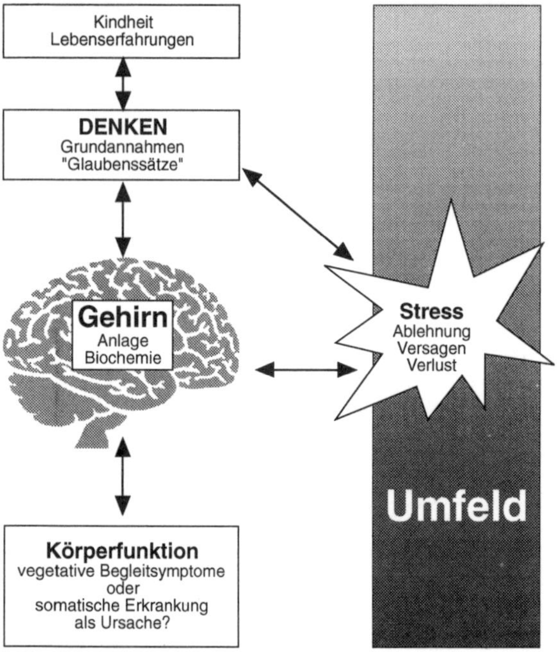

Dabei wird bewußt das Gehirn in die Mitte gestellt, weil hier diejenigen Vorgänge gesteuert werden, die schließlich eine Depression ausmachen. Wir haben das Wunder des menschlichen Gehirns (vgl. Kap. 3) betrachtet und dabei gesehen, welche Rolle die Biochemie für die Entstehung psychischer Probleme spielt. Nicht wenige Menschen haben im Stoffwechsel ihres Gehirns eine anlagemäßige Störung (eine sogenannte Disposition), die einen Menschen verletzlich für äußere Belastungen macht. Wenn er dann unter Streß gerät, so kann er mit einer Depression reagieren.

Der *Körper* ist eng mit der Psyche verbunden. Gerade bei jüngeren Menschen sind Depressionen häufig von körperlichen Beschwerden begleitet. Andererseits können körperliche Störungen Depressionen auslösen. Bei älteren Menschen spielt der Zustand der Gefäße und des Herzens eine wichtige Rolle. Das menschliche Gehirn kann nur funktionieren, wenn es ausreichend mit Blut (und damit mit Sauerstoff) versorgt wird. Bluthochdruck, Arteriosklerose und Herzschwäche führen aber dazu, daß weniger Sauerstoff zu den Nervenzellen gelangt – Depressionen können die Folge sein. Bei entsprechender Behandlung können sie wieder völlig verschwinden.

Ein enger Zusammenhang besteht auch zwischen dem *Denken* und der Gehirnbiochemie. Einerseits dämpft die gestörte Biochemie in der Depression die Fähigkeit zur Freude und zu einer positiven Sicht der Welt. Andererseits wird sie aber auch durch *das Denken und die Glaubenssätze* eines Menschen beeinflußt.

Leichtere und mittelgradige Depressionen

Bei leichten und mittelgradigen Depressionen steht oftmals die *Reaktion* auf belastende Erlebnisse im Vordergrund. Wie jemand einen Verlust oder eine Belastung verarbeitet, hängt von seinem Denken, von seiner Bewertung einer Erfahrung ab.

Eine wichtige Rolle spielen aber auch seine *psychischen Kraftreserven*. Schwere Erlebnisse, wie etwa der plötzliche Tod eines Freundes, aber auch langdauernde Spannungen, wie etwa Prüfungsstreß oder Eheprobleme, können derart „an den Nerven nagen", daß es schließlich zu einer *Erschöpfung biochemischer Stoffe im Gehirn* kommt. Dadurch wird das ganze Gefühlsleben mit einem dunklen Schleier überzogen, und der betroffene Mensch beginnt alles schwarz zu sehen, sich selbst, seine Umgebung und seine Zukunft.

Depressive Erschöpfungszustände kommen häufig nicht von ungefähr. Oft ist eine Depression auch als *Alarm* zu verstehen: „Halt, hier übernimmst du dich! Du verlangst zuviel von dir." Oder aber: „Warum kannst du diesen Mißerfolg nicht verwinden? Wovon läßt du deine Gedanken beherrschen? Woher beziehst du dein Selbstwertgefühl?" Gerade bei leichteren Depressionen ist zu beobachten, daß negative Gedanken die Depression verstärken können. Der *christliche Glaube* aber verändert das Denken hin zum Positiven: er vermittelt Hoffnung, tröstet, ermutigt und richtet den Blick nach oben. So kann der Glaube eine echte Hilfe zur Bewältigung einer Depression werden.

Die Nöte einer Depression reißen einen Menschen heraus aus dem Alltagstrott und führen ihn ins Nachdenken über den eigentlichen Sinn seines Lebens.[6] Dann kann die Krise zur Chance für einen echten Neubeginn werden.

Schwere, endogene Depressionen

In meiner Arbeit als Psychiater begegne ich immer wieder Menschen, die scheinbar ohne äußeren Grund an schwersten Depressionen erkranken, die weit über das übliche Maß hinausgehen. Rund 1,3 Prozent der Bevölkerung leiden zu einem beliebigen Zeitpunkt an einer schweren Depression. Das Risiko, im Laufe des Lebens einmal eine schweren Depression durchzumachen, liegt je nach Autor bei 5 – 10 Prozent.[7]

Die betroffenen Menschen haben den Eindruck, als seien sie aus heiterem Himmel vom düsteren Nebel seelischer Finsternis umhüllt worden. „Eigentlich habe ich alles, was ich mir wünschen könnte", klagte mir eine Patientin. „Ich habe einen lieben Mann und drei aufgeweckte Kinder. Materiell geht es uns gut, und wir haben keinen Anlaß für Sorgen. Wir sind beide gläubig und machen aktiv in unserer Gemeinde mit. Ich kann gar nicht verstehen, daß ich plötzlich so mutlos, ängstlich und niedergeschlagen bin."

Eine andere Frau, die nach der Geburt ihres dritten Kindes in eine schwere Depression verfiel, klagte: „Jetzt sollte ich mich doch über unser Baby freuen, aber ich sehe mich nur als Versagerin. Ich kann diesem Kind höchstens schaden. Am besten wäre es, wir wären alle tot."

Aus der Lebensgeschichte lassen sich meist nicht genügend Gründe für eine derart schwere Depression ableiten. Natürlich hatten diese Menschen nicht nur Sonnenschein und Glück erlebt. Kaum jemand hat ja ein ideales und belastungsfreies Leben hinter sich. Aber die Auslöser der Depression stehen bei diesen Patienten in keinem Verhältnis zur Schwere ihres Zustandes. Häufig finden sich in der Verwandtschaft weitere Personen, die unter „Schwermut" leiden oder die sich das Leben genommen haben. Im Vordergrund des Zustandsbildes stehen neben der traurigen Verstimmung zumeist deutliche *Schlafstörungen* und weitere *körperliche Beschwerden*, wie sie in den Tabellen 7-1 und 7-2 dargestellt wurden. Der Arzt denkt dann in erster Linie an eine endogene, biochemische Ursache der Depression.

Verlauf der endogenen Depressionen

Es gibt drei Verlaufsmöglichkeiten. Entweder kommt es zu einem oder mehreren Schüben von schweren Depressionen, die Wochen bis Monate dauern können. Dazwischen gibt es Zeiten, in denen die Betroffenen normal leben, denken und fühlen können. Der Psychiater spricht dann von einer *monopolaren Depression*. Es kann auch sein, daß jemand *nur einen* einzigen schweren Schub durchmacht.

Die andere Form der endogenen Depression zeigt Wellenbewegungen nicht nur nach unten, sondern auch nach oben. Auf das quälende Tief folgt ein Hoch, das von den Patienten als Erlösung von ihrem unerträglichen Zustand empfunden wird. Hier spricht man von einer *manisch-depressiven Psychose* oder von einer *bipolaren Depression*.

Abbildung 7-3: Verlaufsformen schwerer Depressionen

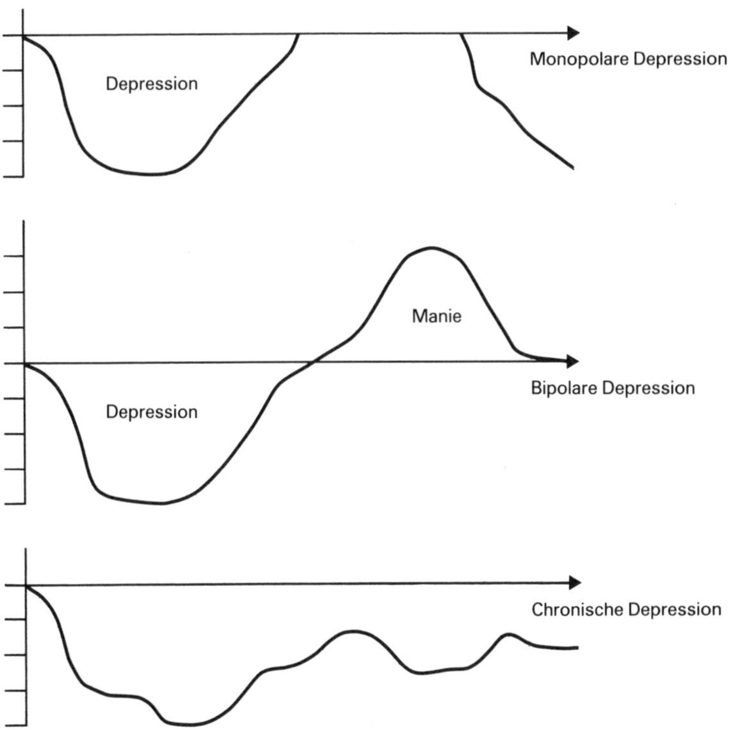

Und schließlich gibt es auch *chronische Depressionen.* Sie dauern mehr als zwei Jahre und sprechen auf Medikamente nur ungenügend an. Man schätzt, daß 10 bis 20 Prozent der Depressionen einen chronischen Verlauf nehmen.[8] Nicht immer handelt es sich dabei um schwerste depressive Zustände. Auch eine mittelgradige Depression kann enorm bedrückend sein, wenn man keinen Ausweg aus dem Tunnel sieht. Oft treffen chronisch depressive Menschen auf wenig Verständnis bei ihrer Umwelt, was sie zusätzlich in die Einsamkeit treibt.

Depressive Wahnideen

Ein besonders befremdendes Symptom bei schweren Depressionen sind depressive Wahnideen. Der Patient blickt nicht bloß durch die schwarze Brille, nein, er verliert vollständig den Bezug zur Wirklichkeit.

Ich erinnere mich noch lebhaft an jenen älteren Mann, der wegen einer schweren endogenen Depression in der Klinik weilte. Er glaubte, er hätte sein ganzes Vermögen verloren. Mit verzweifelter Stimme klagte er mir: „Ich habe nichts mehr. Ich bin völlig verarmt. Ich kann nicht mehr für meine Familie sorgen. Meine Frau muß in Lumpen durch die Straßen irren; und ich selber habe keine Kleider mehr." Dieses Zustandsbild nennt man *Verarmungswahn.* Weitere typische Inhalte eines depressiven Wahns sind:[9]

- *hypochondrische Ideen:* die Überzeugung, an einer unheilbaren Krankheit zu leiden.
- *Selbstvorwürfe wahnhaften Ausmaßes:* Der Kranke macht sich Vorwürfe, etwas verbrochen zu haben, für das er bestraft werden müsse. Ein Mann glaubte, er habe die Klinik ruiniert, weil er sein Essen stehen ließ. Nun werde er dafür bestraft.
- *Versagensideen:* Der Patient glaubt, in seinem Leben völlig versagt zu haben. Alle seine früheren Leistungen gelten nicht mehr. Im Vergleich zu andern hat er nichts zu bieten. Er hat gegenüber seiner Familie, seiner Firma, seinen Aufgaben im Staat etc. etc. versagt. Eine junge Frau klagte: „Ich weiß nicht einmal, wie ein Radio funktioniert; mein Leben hat keinen Wert mehr!"

Schuld- und Versündigungswahn

Und schließlich gibt es noch eine weitere Form des depressiven Wahns, die Christen besonders betroffen macht: den *Versündigungswahn*. „Meine Schuld steht wie eine Wand zwischen Gott und mir“, klagte eine Frau. „Ich bin eine schlechte Mutter; ich kann nicht kochen; ich bin zu wenig fröhlich; ich habe Angst vor den Menschen. Ich schreie zu Gott, aber er hört mich nicht. Ich versuche mich an einer Verheißung festzuklammern, aber eine solche Versagerin wie mich kann Gott nicht mehr annehmen.“

Es gibt Menschen, die allen Grund zur Zerknirschung haben und die durch echte Schuld in eine (meist leichtere reaktive) Depression geraten. Doch hier war es anders: es gab keine auch noch so geringe Sünde, die diese Frau nicht schon x-mal bekannt hatte. Und dennoch stand ihre Schuld wie ein riesiger Berg vor ihr. Sie fand Bestätigung für ihre Verworfenheit, wenn die Milch anbrannte, und klagte über ihre große Sünde, wenn sie ihrer Schwester nicht pünktlich zum Geburtstag gratuliert hatte. Mit wahrer Sündenerkenntnis hat dieser Wahn also nichts zu tun – hier handelt es sich um ein krankhaftes Geschehen.

Sie werden fragen: Was kann man machen, wenn jemand unter einem depressiven Wahn leidet? Wie kann man dem Mann mit dem Verarmungswahn helfen? Ich werde im nächsten Kapitel systematisch auf die Therapie der Depression eingehen, doch soviel sei vorweggenommen: *Es braucht Geduld, viel Geduld.* Jeder Versuch, den Patienten vom Gegenteil zu überzeugen, führt zur Zementierung der krankhaften Ideen. Mit der Aufhellung der Depression bilden sich meist auch die Wahnideen von selbst zurück.

In manchen Fällen können allerdings solche Ideen bestehen bleiben und den Betroffenen bis ins hohe Alter quälen. Diese Menschen brauchen dann in besonderem Maße Verständnis und geduldiges Begleiten durch Arzt und Seelsorger.

Manie: von der Freude zum Höhenflug

Das Auftauchen aus den dunklen Fluten der Melancholie ist für jeden schwer Depressiven ein gewaltiges Erlebnis. Sie beschreiben ihren Zustand als „wie von Fesseln befreit“, ja, „wie ein neues Leben“. Doch bei manchen Menschen schlägt die Depression um in eine *Manie*. Diese ist gekennzeichnet durch gehobene Stimmung[10], gesteigerten Antrieb und beschleunigtes Denken („Ideenflucht“).

Eine Frau schrieb zu Beginn ihrer manischen Phase folgende Worte: „Ich fühle mich wie die Natur in diesem Moment. Nach langem Winterschlaf gedeiht, sprießt es aus allen Ecken und Enden; treiben Knospen, trillern die Vögel und verheißen eine neue, kommende, warme Zeit. Ein neues Jahr, ein Frühling mit Blüten, saftig grünen Wiesen, mit sprudelnden Bächen und Flüssen...“

Doch die Freude wandelte sich bald zum alptraumartigen Höhenflug. Sie gab Unsummen für eine neue, schreiend farbige Garderobe aus, weil ihre „depressiven Kleider“ doch nicht mehr zur neu gewonnenen Freude paßten. In ihrem unbändigen Schaffensdrang stand sie schon um vier Uhr auf und ging erst nachts um eins ins Bett. Es störte sie nicht, daß sich die Nachbarn im Block über die laute Radiomusik aus ihrer Wohnung beschwerten. In ihrem Hoch verlor sie jedes Distanzgefühl und ließ sich mit wildfremden Männern ein. Die einst zurückgezogene, dezente und stille Frau redete in einem fort und rief ihre Bekannten zu allen Tages- und Nachtzeiten an, um ihnen mitzuteilen, wie gut es ihr jetzt gehe. Schließlich wurde ihr Verhalten zu einer derartigen Belastung für die Umwelt, daß sie in eine Klinik eingewiesen werden mußte.

Die manische Phase ist also gerade die Umkehr der Depression. Wo es vorher an Kraft fehlte, spürt der Kranke nun schier übermenschliche Energien. Wo vorher Sorgen und Ängste das Leben beherrschten, sieht er jetzt keine Probleme und keine Gefahren mehr. Wo er sich vorher ins Schneckenhaus zurückzog, möchte er nun die Welt umarmen. Wo er vorher unter seinem Versagen und unter seiner Schuld litt, ist er nun unfähig, Schuld und Versündigung zu erleben, obwohl sein Verhalten nicht selten moralische Grenzen überschreitet.

Die Angehörigen leiden enorm unter dem Benehmen eines manischen Ehepartners oder Kindes. Eltern wissen sich oft nicht anders zu helfen, als ihrem Sohn das Haus zu verbieten, „bis er sich wieder anständig benimmt“. Nicht wenige Ehen sind durch eine manischen Phase eines Partners gescheitert. So schrieb mir die Ehefrau eines manischen Mannes: „Für mich ist es eine Qual, ich weiß nicht mehr ein und aus, am liebsten würde ich endgültig von ihm weggehen. Doch darf ich das? Immer bete ich und bitte den Herrn um ein Wunder und um eine Klärung der Sachlage, aber ich bin irgendwie immer gleich weit..."

Sie haben nun vieles über die Formen, die Ursachen und den Verlauf endogener Depressionen gelesen. Vielleicht fragen auch Sie sich: Gibt es Hoffnung für den schwer Depressiven? Gibt es Hoffnung für den überdrehten Maniker? Gibt es Hoffnung für die leidenden Angehörigen? Ich möchte mit einem zuversichtlichen Ja antworten. Im nächsten Kapitel werde ich auf die Möglichkeiten der Therapie und der seelsorglichen Begleitung bei depressiven Zuständen eingehen.

Kapitel 8

Schwere Depressionen: Therapie und Seelsorge

Depressionen müssen kein unabänderliches Schicksal sein. Arzt und Seelsorger haben auch dem schwer Depressiven Hoffnung anzubieten. Selbst wenn der Depressive im Schatten des dunklen Tales keinen Ausweg aus seiner Lage sieht, so darf man ihm mit fester Überzeugung zusagen, daß es gangbare Wege aus der Depression gibt, ja daß auch der Weg durch die Dunkelheit für ihn zum Segen und zum persönlichen Wachstum dienen kann.

Im vorigen Kapitel habe ich dargelegt, wie viele Faktoren bei der Entstehung einer Depression zusammenspielen. Genauso gilt es auch in der Therapie, das Leiden auf verschiedenen Ebenen anzugehen. Wir hatten ja vier wichtige Gebiete in der Entwicklung einer Depression herauskristallisiert:

- das Denken bzw. die Glaubenssätze eines Menschen
- äußerer Streß (Verlust, Ablehnung, Versagen etc.)
- die körperlichen Reaktionen und Störungen
- die Biochemie des Gehirns

Entsprechend könnte die Therapie der Depression in vier Gruppen unterteilt werden:

1. Gespräch
2. praktische Hilfe und Entlastung
3. allgemeine Aktivierung und Behandlung körperlicher Leiden
4. Medikamente

Diese therapeutischen Zugänge ergänzen sich gegenseitig. Kein Weg sollte ohne die anderen beschritten werden. Bei leichten Depressionen kann auf Medikamente verzichtet werden, bei schweren Zustandsbildern sollte man immer den Arzt konsultieren.

Depressionen sind aber nicht nur Gefühlskrisen, sondern oft auch

Glaubenskrisen.[1] Eine seelsorgerliche Begleitung ist deshalb neben der ärztlichen Behandlung unerläßlich und zugleich erfolgversprechend, wenn der Betreuer weiß, auf welche Punkte er dabei achten muß und wo die Grenzen seiner Möglichkeiten liegen.

Hilfen zur Gesprächsführung

Die Begleitung schwer depressiver Menschen stellt hohe Anforderungen an die Geduld und an das Einfühlungsvermögen des Arztes und des Seelsorgers. Diese Eigenschaften sind für Gespräche mit Depressiven unerläßlich. Im folgenden habe ich sieben Punkte zusammengestellt, auf die es im Gespräch zu achten gilt.[2]

1. Nehmen Sie den depressiven Menschen in seiner Krankheit und Not an, und zeigen Sie ihm Ihre Bereitschaft, ihn in dieser schwierigen Zeit zu begleiten.

2. Besprechen Sie die auslösenden Ereignisse und die Lebensgeschichte mit dem Patienten. Geben Sie ihm die Gelegenheit, sein Herz auszuschütten.

3. Betonen Sie den günstigen Verlauf des Leidens: die allermeisten Depressionen klingen nach einer gewissen Zeit wieder ab.

4. Erklären Sie ihm die verschiedenen Behandlungsmöglichkeiten, und schicken Sie den Patienten bei einer schweren Depression zum Arzt.

5. Ermutigen Sie den Ratsuchenden, und sprechen Sie ihm die Liebe Gottes zu, auch wenn er im Moment wenig davon spürt. Mit der Aufhellung der Depression wird auch sein Glaube wieder erstarken. Hilfreiche Bibelstellen finden sich in den Psalmen, aber auch in vielen biblischen Verheißungen.[3]

6. Bereiten Sie den Ratsuchenden auf zeitweise Stimmungsschwankungen vor. Ich sage meinen Patienten oft: „Der Weg aus der Depression ist mit vielen Schlaglöchern übersät – und doch führt er nach oben, hinaus ans Licht."

7. Haben Sie Geduld: Setzen Sie ein Therapieziel nach dem andern, damit der Patient immer wieder kleine Erfolge erlebt. Verlangen Sie nicht zuviel auf einmal! Denken Sie daran, daß gerade schwer depressive Menschen oft so eingeengt sind, daß sie seelsorgerlichen Zuspruch kaum wahrnehmen können.

Vermeidbare Fehler

Das Gespräch mit Depressiven birgt auch Versuchungen und Fallen, die es zu vermeiden gilt. Zu den häufigsten Fehlern gehören die folgenden Punkte:[4]

Aufforderung, sich zusammenzureißen: Depressive Menschen stellen sich ohnehin schon selbst unter massiven Leistungsdruck und leiden an ihrem Versagen. Es bringt ihnen daher wenig, wenn sie auch noch vom Seelsorger, vielleicht sogar mit Bibelversen, unter Druck gesetzt werden. Freude kann man nicht einfach befehlen.

In die Ferien oder zur Kur schicken: Schon in seiner gewohnten Umgebung ist es für den Patienten schwer, Kontakt mit andern aufzunehmen, das Schöne zu genießen und seinen Tag aus eigener Initiative zu füllen. Gerade das aber wird bei einem Ferienaufenthalt von ihm verlangt und gerät dem Kranken zur Überforderung.

Wichtige Entscheide treffen lassen: In einer Depression kann der Patient seine Lebenssituation oft nicht angemessen bewerten. Er blickt ja durch die „schwarze Brille". Seine Probleme werden ihm zum Berg, und er unterschätzt seine Fähigkeiten. Entscheidungen während einer depressiven Phase werden nachher oft als falsch erkannt und bereut.

Behaupten, es gehe schon besser: Für den Betreuer ist es oft schwer zu ertragen, daß es einem Depressiven von Woche zu Woche etwa gleich geht. Oft ist man dann in der Versuchung, ihn mit billigen Worten aufzumuntern. Doch gerade dann fühlt sich der Depressive nicht ernst genommen. Es ist besser, anzuerkennen, daß er noch immer durchs „dunkle Tal" geht, und ihm inmitten seiner Dunkelheit die Gegenwart Gottes zuzusprechen.[5]

Wahnideen anzweifeln: Manche Menschen leiden unter schwersten Schuld- und Versagensideen. Kein Argument kann sie davon abbringen. Jeder Versuch, das Gegenteil zu beweisen, führt zu neuen „Bestätigungen" des Wahns. Hier gilt es, Geduld zu haben und dem Leidenden mit Überzeugung die persönliche Wertschätzung durch den Seelsorger und die Gnade Gottes zuzusprechen. Oft gebe ich meinen Patienten das Wort mit: „Auch wenn unser Gewissen uns anklagt und schuldig spricht, dürfen wir darauf vertrauen, daß Gott größer ist als unser Gewissen. Er kennt uns ganz genau."[6] Dann schließe ich das Gespräch ohne weitere Diskussion ab und gebe einen neuen Gesprächstermin. Der Kranke braucht Zeit, um das Gehörte zu verdauen, auch wenn er noch viele „Wenn und Aber" mit sich trägt.

Zu starkes Eingehen auf die depressive Befindlichkeit: Der depressive Mensch ist oft völlig gefangen von seinen Sorgen und Ängsten. Die Gefahr ist groß, daß man sich von ihm in diese düstere Welt hineinziehen läßt und ganz vergißt, auch danach zu fragen, was er noch kann und was ihm Halt gibt. Gerade in den Psalmen finden wir den rechten Ausgleich. Immer wieder bricht das göttlichen „Dennoch" herein in die persönliche Not des Beters und richtet seinen Blick nach oben.[7]

Geistliche Überforderung: Das Wort Gottes soll im Gespräch wie Salz in einer schmackhaften Speise sein. Ohne den Hinweis auf Gottes Zusagen wird Seelsorge zum faden Allerwelts-Geplauder. Wo aber in der Fülle der Bibelworte der Bezug zum Alltag und zum Leiden des Depressiven fehlt, da wird sie zum versalzenen Konzentrat. Ja, sie kann sogar beitragen zum Gefühl des Kranken, daß er Gottes Wort ja gar nicht mehr aufnehmen könne und deshalb verworfen sei.

Der schwer Depressive neigt dazu, im intensiven Bibelstudium nur diejenigen Gedanken herauszulesen, die seine schwarze Sicht bestätigen. Die schönsten Verheißungen können in ihm nur noch den Gedanken wachrufen: „Für einen Sünder wie mich gilt dieses Wort nicht mehr!" Und die Verzweiflung wächst.

Deshalb rate ich schwer Depressiven bewußt, sie sollten sich nicht zu sehr in die Bibel vertiefen, sondern täglich nur einen Vers, vorzugsweise mit einer Auslegung in einem Andachtsbuch, lesen. Gottes Liebe ist nicht abhängig davon, wie viele Kapitel sie gelesen und wie viele Stunden sie im Gebet verbracht haben. Gott hält uns in seiner Hand, auch wenn uns die Kraft fehlt, uns an ihm festzuklammern.

Praktische Hilfen und Aktivierung

Oftmals genügen Gespräche allein nicht. Der Seelsorger muß bereit sein, von den Höhen geistlichen Zuspruchs in die „Niederungen" des Alltags herunterzusteigen und ganz praktische Hilfen zu vermitteln. Es gilt vielleicht, eine überforderte Hausfrau zu entlasten und einen Ferienaufenthalt für ihre Kinder zu arrangieren. Oder ein depressiver Mann muß dazu ermutigt werden, seine Vereinsaufgaben an andere abzugeben, bis er wiederhergestellt ist.

Oft ist es wichtig, die *Angehörigen* einzuladen und mit ihnen zu besprechen, wie der oder die Kranke entlastet werden kann. Da kommt beispielsweise die Mutter einer Patientin zwei Tage in der Woche, um die Wäsche zu waschen und zu bügeln. Und der Ehemann packt etwas mehr im Haushalt an. So wird die Last auf mehrere Schultern verteilt.

Auf seinem Weg zur Genesung muß der Depressive langsam wieder *aktiviert* werden. Arbeiten Sie mit ihm einen *Tagesplan* aus, und ermutigen Sie ihn zu kleineren Aktivitäten. Regelmäßige Spaziergänge und etwas Sport regen den Kreislauf an und haben damit auch eine positive Auswirkung auf die Depression. Mit der Zeit beginnt der Depressive von selbst, wieder neue Aufgaben in Angriff zu nehmen. Je mehr sich die depressive Erstarrung löst, desto freier wird er, wie früher aktiv zu sein und sich an dem zu freuen, was er erreicht hat.

Hilfe durch Medikamente

Seit rund 30 Jahren verfügt die Medizin über Medikamente, die eine Depression gezielt beeinflussen können. Man nimmt an, daß sie auf die Nervenübertragungs-Stellen einwirken und zu einem neuen Gleichgewicht der Biochemie des Gehirns führen. Doch viele Fragen sind noch offen und bedürfen weiterer Forschung.

Nicht jeder Depressive braucht unbedingt Medikamente. Bei *leichteren bis mäßigen Depressionen* kann man auf Medikamente verzichten, wenn die Betroffenen regelmäßig durch Gespräche begleitet werden. Studien haben gezeigt, daß die Beschwerden in diesen Fällen mit und ohne Antidepressiva etwa gleich schnell abheilten.[8] Wenig Sinn hat der Einsatz von Antidepressiva auch bei betagten Menschen, deren Depression durch die Arteriosklerose mitbedingt ist.

Bei *schweren Depressionen* hingegen sind die modernen Mittel eine enorme Hilfe zur Unterstützung der Gespräche mit dem Kranken.

Oft werden die Patienten erst durch die Medikamente wieder soweit hergestellt, daß sie für ärztlichen und seelsorgerlichen Zuspruch offen sind. Mit den antidepressiven Medikamenten versucht der Arzt folgende *Ziele* zu erreichen:

- die Lösung innerer Nervosität und Verkrampfung
- die Verminderung lähmender Angstgefühle
- die Aufhellung der traurigen Stimmung
- die Wiederherstellung eines ausreichenden Schlafes
- die Erhöhung der Widerstandskraft gegenüber den Belastungen des Alltags
- die Verhinderung eines Rückfalls bei wiederkehrenden endogenen Depressionen und manisch-depressiven Psychosen

Zu diesem Zweck steht heute eine breite Palette wirksamer *Antidepressiva* zur Verfügung.[9] Welches Mittel der Arzt wählt, hängt vom Zustandsbild ab, das er beim Patienten beobachtet. Leidet er unter Unruhe, Angst und Schlaflosigkeit? Oder fühlt er sich kraftlos und ohne Antrieb? Wird er von traurigen Gefühlen überwältigt, oder klagt er über die völlige Abstumpfung seiner Empfindungen? Je nachdem verschreibt der Arzt ein eher beruhigendes oder aber ein stimmungsaufhellendes und antriebssteigerndes Mittel.

Die volle Wirkung der Antidepressiva setzt nicht sofort, sondern erst nach etwa fünf bis zehn Tagen ein. Dennoch sollte man die Medikamente von Anfang an regelmäßig einnehmen, um den Aufbau der nötigen Wirkmenge im Gehirn zu ermöglichen.

Meinen Patienten versuche ich diese Erscheinung mit folgendem Bild zu erklären: „Stellen Sie sich einen Stausee vor, dessen Mauer rissig geworden ist. Das Wasser ist ausgelaufen – das Reservoir ist erschöpft, so wie Sie nun an einer Erschöpfung Ihrer Kräfte leiden. Die Antidepressiva verkitten nun die Ritzen in der Staumauer, doch es braucht Zeit, bis sich wieder genügend Wasser angesammelt hat, um die Kraftwerksturbinen anzutreiben."

Oft ist es aber wenig sinnvoll, eine Woche lang auf den Wirkungseintritt eines Mittels zu warten. Deshalb ergänzt man häufig das Antidepressivum durch Beruhigungs- und Schlafmittel. Die Patienten sind enorm dankbar, wenn sie endlich wieder einmal richtig schlafen können und sich ihre innere Verspannung lockert.

Die *Nebenwirkungen* der Antidepressiva sind abhängig vom Mittel und von der Dosierung. Die meisten Patienten vertragen die Mittel ohne Probleme. Bei den andern kommt es bald zur Gewöhnung, so daß die Nebenwirkungen nicht mehr empfunden werden. Für die Aufhellung der Depression nimmt man gerne etwas Verstopfung und Mundtrockenheit in Kauf. Bleiben die Nebenwirkungen sehr störend, so muß auf ein anderes Mittel umgestellt werden, das weniger unerwünschte Wirkungen zeigt.

Eine besondere Stellung in der Therapie der Depressionen nimmt das *Lithium* ein.[10] Das einfache Mineralsalz ist, regelmäßig eingenommen, in der Lage, bei wiederholten schweren Depressionen und bei manisch-depressiven Psychosen einem Rückfall vorzubeugen. Der Grund liegt sehr wahrscheinlich darin, daß Lithium die elektrische Leitfähigkeit der Nerven stabilisiert. Viele Menschen, die früher unter regelmäßig wiederkehrenden depressiven und manischen Schüben litten, sind heute dank Lithium beschwerdefrei und können normal leben und arbeiten.

Persönlichkeitsveränderung durch Antidepressiva?

Immer wieder werde ich von Laien und Theologen gefragt, ob Antidepressiva und Beruhigungsmittel nicht die Persönlichkeit eines Menschen veränderten und deshalb aus christlicher Sicht abzulehnen seien. Nach meiner Beobachtung ist gerade das Gegenteil der Fall: die *Depression* verändert die Persönlichkeit und führt beim Betroffenen zu Niedergeschlagenheit, Verzweiflung, Nervosität und Angst, die er sonst gar nicht kennt. Die Medikamente verhelfen ihm dazu, wieder so zu denken und zu empfinden wie in seinen gesunden Tagen.

Manche Patienten klagen darüber, sie hätten während der Einnahme von Antidepressiva eine Abflachung ihrer Gefühle erlebt. Häufig läßt sich aber nicht klar abtrennen, ob die Abstumpfung durch die Depression selbst oder durch die Medikamente verursacht wird.

Persönlich bin ich davon überzeugt, daß die modernen Psychopharmaka auch für Christen eine wertvolle Hilfe zur Bewältigung der Depression sein können, wenn sie durch regelmäßige Gespräche und praktische Hilfen ergänzt werden.

Selbstmordgefahr erkennen

Das Kapitel über die Behandlung und Begleitung des depressiven Menschen wäre unvollständig, würde ich nicht auch auf die Erkennung und die Behandlung der Selbstmordgefahr eingehen.

Gedanken an Tod und Selbstmord gehören zum Erscheinungsbild einer schweren Depression. Sie werden besonders gefährlich, wenn sich der Depressive zunehmend eingeengt und verlassen fühlt. Zuerst sehnt er sich vielleicht nur danach, einfach schlafen zu können, um nie mehr zu erwachen. Doch dann beginnt er zunehmend darüber nachzudenken, wie er seinem Leben ein Ende setzen könnte. Zieht sich das Netz der Auswegslosigkeit weiter zusammen, so geschieht es nicht selten, daß sich die Gedanken ihm aktiv aufzudrängen beginnen – so stark, daß er kaum mehr weiß, wie er widerstehen soll.

Für viele Christen ist es nicht leicht, solche Gedanken auszusprechen. Sie fürchten sich vor der Reaktion ihrer Mitchristen und haben Angst davor, verurteilt zu werden, „weil doch ein Christ keine Selbstmordgedanken hat." Von einzelnen Seelsorgern werden solche Ideen als Zeichen mangelnder Hingabe an Gott, ja sogar als Ausdruck einer dämonischen Beeinflußung des Betroffenen gedeutet. Doch gerade diese Haltung kann einen Menschen noch tiefer in die Auswegslosigkeit treiben.

Für die effektive Beratung von depressiven Menschen ist es daher wichtig, Selbstmordgefahr rechtzeitig zu erkennen. Folgende Fragen können dabei helfen: [11]

Suizidalität:	Haben Sie schon einmal daran gedacht, sich das Leben zu nehmen?
Vorbereitung:	Wie würden Sie es tun? Haben Sie bereits Vorbereitungen getroffen? (Je konkreter die Vorstellungen, desto größer das Risiko.)
Zwangsgedanken:	Denken Sie bewußt daran, oder drängen sich die Gedanken auf, auch wenn Sie es nicht wollen? (Sich passiv aufdrängende Gedanken sind gefährlicher.)
Ankündigung:	Haben Sie Ihre Absichten schon mit jemandem besprochen? (Ankündigungen immer ernst nehmen!)

Einengung: Haben sich Ihre Interessen, Gedanken und zwischenmenschlichen Kontakte gegenüber früher eingeschränkt, verringert?

Aggression: Haben Sie gegen jemanden Aggressionsgefühle, die Sie gewaltsam unterdrücken? (Solchermaßen unterdrückte Gefühle können sich gegen die eigene Person richten.)

Eine große Hilfe kann ein Buch von Bill Blackburn sein, der sich mit dem Thema aus christlicher Sicht beschäftigt hat. Er geht in sehr einfühlsamer Weise auf die Schwierigkeiten der Betroffenen, aber auch auf die Nöte der Angehörigen und Betreuer ein („Was Sie über Selbstmord wissen sollten").[12] Ich möchte deshalb aus ärztlicher Sicht nur einige wenige Hinweise geben.[13] Die folgende Tabelle zeigt die Risikofaktoren für einen Selbstmord bei depressiven Patienten:

Tabelle 8-1:
Wann besteht erhöhte Selbstmordgefahr?[14]

A) eigentliche Suizidhinweise

1. eigene frühere Suizidversuche und Suizidhinweise
2. Vorkommen von Suiziden in Familie oder Umgebung
3. direkte oder indirekte Suiziddrohungen
4. konkrete Vorstellungen oder Vorbereitungen für einen Suizid
5. „unheimliche Ruhe" nach vorheriger Suizidthematik und Unruhe
6. Selbstvernichtungs-, Sturz- und Katastrophenträume

B) besonderes Krankheitsgepräge

1. Beginn oder Abklingen depressiver Phasen
2. ängstlich-agitiertes Gepräge
3. langdauernde Schlafstörungen
4. biologische Krisenzeiten (Pubertät, Wochenbett, Klimakterium)
5. schwere Schuld- und Versagensgefühle
6. langdauernde oder unheilbare Krankheiten
7. Krankheitswahn
8. Alkoholismus oder Tablettensucht

C) Umweltbeziehungen

1. zerrüttete Familienverhältnisse während der Kindheit
2. Fehlen oder Verlust mitmenschlicher Kontakte (Vereinsamung, Entwurzelung, Liebesenttäuschung)
3. Verlust der Arbeit, Fehlen eines Aufgabenkreises, finanzielle Sorgen
4. Fehlen oder Verlust tragfähiger religiöser Bindungen

Umgang mit Selbstmordgefährdeten

Der unerfahrene Helfer hat oft Hemmungen, Selbstmordgedanken anzusprechen. Doch gerade durch das schamhafte Verschweigen können diese Impulse immer stärker werden. Als erstes Prinzip im Umgang mit Selbstmordgefährdeten gilt daher:

1. *Selbstmordgedanken ansprechen.* Das selbstverständliche Reden über seine Todeswünsche erleichtert es dem Ratsuchenden, seine innersten Nöte und Ängste zu auszusprechen. Die bedrohlichen Gedanken können dann zusammen mit dem Seelsorger sachlich betrachtet und diskutiert werden. Die Last wird geteilt, und Gegenmaßnahmen können erörtert werden.

2. *Hinterfragen der Hoffnungslosigkeit*: Selbstmord wird dann erwogen, wenn ein Mensch keinen anderen Ausweg mehr sieht. Das Besprechen der Situation aus der Sicht des Betreuers kann zur Frage führen: „Ist meine Lage wirklich so aussichtslos?" Der kleinste Hoffnungsschimmer kann den Suizid-Gefährdeten dazu bewegen, den Selbstmord wenigstens aufzuschieben.

3. *Eine feste Beziehung zwischen Seelsorger und Patient* ist während einer suizidalen Krise äußerst wichtig. Das Gefühl, ernst genommen und unterstützt zu werden, kann den Gedanken an Selbstmord schwächen. Man kann dem Depressiven das Versprechen abnehmen, wenigstens bis zum nächsten Gespräch keinen Selbstmordversuch zu unternehmen. Zudem soll man ihm die Möglichkeit anbieten, jederzeit beim Auftreten von Suizidgedanken zu telefonieren. Notfalls besteht die Möglichkeit der „Telefon-Seelsorge", die jederzeit rund um die Uhr die Gelegenheit zu einem Gespräch mit einem ausgebildeten Helfer anbietet. In der Schweiz besteht die einheitliche Nummer 143, unter der man direkt und kostenlos mit der Telefonseelsorge verbunden wird. Und in der Bundesrepublik

Deutschland wird in den meisten Orten unter der Nummer 11101 oder 11102 Hilfe angeboten.

Ein solcher Krisen-Anruf ist für den Seelsorger nicht immer leicht. Ich erinnere mich an jenen Abend, wo plötzlich nachts um zehn das Telefon klingelte. Am Draht war eine junge Frau, die ich schon länger in einer schweren Depression begleitet hatte. „Herr Doktor, ich kann nicht mehr“, sagte sie mit tonloser Stimme, „der Gedanke mich umzubringen, wird immer stärker. Ich kann ihn nicht mehr abwehren. Doch ich wollte Ihnen noch zuerst anrufen. Können Sie mir helfen?“

Glauben Sie ja nicht, daß ich cool und professionell am Apparat saß und einige gute Ratschläge gab. Nein, auch ich habe geschwitzt und innerlich zu Gott gebetet, er solle mir die Weisheit zum Umgang mit dieser Frau geben. Nach einigen Minuten merkte ich, daß mein Gegenüber etwas ruhiger wurde, und schließlich fanden wir eine Lösung, daß jemand noch am selben Abend bei ihr vorbeischaute, damit sie nicht ganz allein war. Das Telefongespräch hatte – sicher auch dank Gottes Hilfe – den Bann der Suizidgedanken gebrochen.

Solche Telefonate kosten Kraft. Aber der engagierte Seelsorger muß bereit sein, auch diese Lasten mitzutragen, soweit ihm dies möglich ist.

4. *Hinzuziehen von Angehörigen*: Wenn jemand stark suizid-gefährdet ist, sollte man ihn nicht mehr allein lassen. Nicht immer ist gleich die Einweisung in eine Klinik nötig. In kürzeren Krisen kann man – in Absprache mit dem Patienten – die Eltern oder den Ehepartner bitten, den Gefährdeten zu überwachen und ihm vermehrte Zuwendung zu geben. Ist die Selbstmordgefährdung jedoch schwerwiegend oder hält sie länger an, so wird die ständige Überwachung zur Überforderung für die Angehörigen. Hier ist ein mutiger Entscheid zur intensiveren Überwachung und Behandlung in der Klinik nötig.

5. *Kurzfristige Therapiemaßnahmen*: Geben Sie dem Gefährdeten möglichst bald wieder einen Termin zum Gespräch. Drängen Sie auf eine ärztliche Behandlung mit Medikamenten, die ihn beruhigen und insbesondere zur Wiederherstellung des Schlafes führen.

6. *Klinikeinweisung*: Wenn die oben genannten Bemühungen nicht ausreichen, so ist ein Klinikaufenthalt unumgänglich. Eine

Klinik offeriert in akuten Krisen auch dem gläubigen Patienten zusätzliche Therapiemöglichkeiten, vermehrte Zuwendung und Überwachung und eine Zuflucht vor den als unerträglich empfundenen Lebensumständen und Ängsten.

Diese Maßnahmen können in vielen Fällen das Schlimmste verhüten. Wir werden aber immer mit einem Rest von Ungewißheit leben müssen. Leider kann auch eine psychiatrische Klinik nicht die letzte Sicherheit bringen. Für den Seelsorger und für die Betreuer in einer Klinik ist es immer wieder erschütternd, ihre Ohnmacht als Helfer zu erleben, wenn einem Patienten trotz aller Bemühungen der Suizid gelingt.[15] Oft werden dann auch Wunden beim Seelsorger gerissen, die nur langsam wieder verheilen.

Hilfe für den Seelsorger

Die Depression eines Ratsuchenden bleibt nicht ohne Einfluß auf den Seelsorger. Er möchte dem Depressiven helfen und fühlt sich zum Teil für ihn verantwortlich. Wenn sich dann – wie so oft – kein sofortiger Erfolg einstellt, kann der Seelsorger von der Hoffnungs- und Hilflosigkeit des Ratsuchenden angesteckt werden. Die Gespräche werden zunehmend zu einer Belastung für ihn.

Ich möchte deshalb am Schluß dieses Kapitels einige Hinweise geben, wie man dieser Entwicklung gegensteuern kann.

1. Behalten Sie die Fakten über die Depression im Auge! Lassen Sie sich nicht von der momentanen Hoffnungslosigkeit des Patienten mitreißen!

2. Achten Sie nicht nur beim Patienten, sondern auch bei sich selbst auf depressive Denkfehler. Stimmen Ihre Gedanken mit der Bibel und mit der Wirklichkeit überein?

3. Lernen Sie dem Leiden des Ratsuchenden mit einer gesunden Sachlichkeit begegnen. Akzeptieren Sie beispielsweise Tränen als Zeichen für die innere Not. Begrenzen Sie bewußt die Zeit für ein Gespräch, sonst wird es für den Kranken und für Sie selbst zur Überforderung.

4. Übernehmen Sie nicht die Verantwortung für Gedanken, Gefühle und Handlungen eines Patienten, die dieser selbst zu tragen

hat. Sie können wohl Anstöße geben, aber eine Veränderung muß durch Gottes Gnade (und nach seinem Zeitplan) im Patienten vorgehen.

5. Setzen Sie sich nicht zu hohe Therapieziele. Denken Sie daran: die Begleitung depressiver Menschen braucht viel Geduld und ist mit Rückschlägen verbunden.

6. Haben Sie den Mut, Ihre eigene Hilflosigkeit einzugestehen, und besprechen Sie ihre Schwierigkeiten in der Begleitung eines depressiven Menschen mit einem anderen Seelsorger.

7. Nehmen Sie sich genug Zeit für persönliche Gemeinschaft mit Gott und mit ihrer Familie. Pflegen Sie Kontakt mit Freunden, und gönnen Sie sich die Zeit für Hobby, Sport oder Musik.

Wohl die größte Ermutigung für jeden Arzt und Seelsorger ist es, wenn er von früheren Patienten hört, wie sie ihre Depression erlebt haben. Der innere Zerbruch durch eine schwere Depression führt oft zu einer vertieften Beziehung zu Gott und zum Wiederaufbau eines auch in der Not bewährten Glaubens.

Eine Frau mit einer langdauernden Depression sagte mir vor kurzem: „Ich möchte diese Zeit nicht missen. Gott hat meine alte, stolze Natur zerbrochen und meinen Blick neu auf ihn ausgerichtet. In dieser Welt habe ich nichts, auf das ich mich verlassen kann, doch er bleibt fest.

Manchmal habe ich Angst vor einer neuen Phase, Angst davor, daß mir meine Glaubensgewißheit wieder verdunkelt wird. Doch ich weiß, daß Gott mitkommt, auch wenn mein Weg wieder durch ein dunkles Tal führt."

Kapitel 9

Schizophrenie – ein Überblick

Keine andere Erkrankung ist so umstritten wie die Schizophrenie. In ihren mannigfaltigen Erscheinungsformen ist die Schizophrenie sehr schwer einfühlbar, ja zum Teil abstoßend und furchterregend für viele Menschen. Körperliche Krankheiten sind viel einfacher zu verstehen und zu behandeln. Die Schrecken früherer Jahrhunderte, wie etwa die Pest, sind zu gewöhnlichen Infektionskrankheiten geworden. Heute weiß selbst der Laie, wie somatische Leiden entstehen und wie man sie behandeln kann.

Anders bei der Schizophrenie. Das seltsame Verhalten der Kranken, die Stimmen, die sie hören, die Ängste, die sie äußern – sie lassen sich nicht einfach auf die Störung eines Körperorgans zurückführen. Hier steht man trotz aufwendiger Forschungen immer noch vor vielen Rätseln. Als eigentliche Krankheit wurde sie überhaupt erst um die Jahrhundertwende entdeckt. Der deutsche Psychiater *Kraepelin* sprach von einer „Dementia praecox", einer vorzeitigen Verblödung. *Eugen Bleuler*, Chefarzt der psychiatrischen Universitätsklinik „Burghölzli" in Zürich gelang es dann erstmals, die mannigfaltigen Symptome dieses eigenartigen Leidens zu beschreiben und zu ordnen. Sein Name für die Krankheit: „Schizophrenie" – das gespaltene Denken.

Der Name war neu, die Krankheit nicht. Immer wieder wurden in der Geschichte Menschen beschrieben, die die typischen Störungen aufwiesen, die wir heute als schizophren bezeichnen. Die Schizophrenie ist auch nicht auf einzelne Regionen beschränkt. Sie kommt in allen Ländern und Völkern, in allen Rassen und sozialen Schichten vor.

Und sie tritt auch bei gläubigen Menschen auf. Ihre Mitchristen haben oft besonders Mühe, die Veränderung bei den Betroffenen zu verstehen. Wie ist es möglich, daß Denken, Fühlen und Verhalten so tief gestört werden können? Wie kann es geschehen, daß ein Mensch sich von einem Geheimdienst verfolgt fühlt, aus Angst vor Strahlen nur noch am Boden schläft und sich ständig von Stimmen herumdirigiert fühlt?

In den vergangenen Jahren sind mir schizophrene Menschen zu besonders lieben Patienten geworden. Es war mein Vorrecht, sie und ihre Angehörigen auf ihrem Weg durch die Krankheit zu begleiten. Immer wieder habe ich ihren heroischen Kampf bewundert, den Kampf mit ihrer Krankheit und mit dem mangelnden Verständnis ihrer Umwelt. Für sie schreibe ich dieses Kapitel, um das Unrecht zu mildern, das sie noch immer in der modernen, auf Erfolg und Normalität ausgerichteten Gesellschaft erleiden.

Definitionen und Zahlen

Die Schizophrenie gehört zu der Krankheitsgruppe der *Psychosen*. Dieser Begriff umfaßt schwere Störungen, die durch abnormes Erleben und Verhalten sowie ausgeprägte Veränderungen der Persönlichkeit gekennzeichnet sind, die zum Verlust der normalen Arbeitsfähigkeit führen. Der Betroffene ist nicht mehr in der Lage, äußere Erfahrungen und eigene Erlebensweisen auseinanderzuhalten. Psychosen können wenige Stunden oder aber Jahre dauern. Sie können leicht sein oder zum völligen Persönlichkeitszerfall führen. Zu den Psychosen gehören

- organische Psychosen (ausgelöst durch Gifte, wie z. B. Drogen, oder Infektionen, wie z. B. Syphilis)
- vorübergehende Reaktionen auf belastende Erlebnisse
- Folgen schwerer Hirnabbauprozesse im Alter
- manisch-depressive Erkrankungen
- Schizophrenie

In diesem Kapitel werde ich nur auf die Schizophrenie eingehen. Die übrigen Störungen werden vielleicht da und dort erwähnt, aber nicht ausführlich beschrieben. Der interessierte Leser sei für weitere Informationen auf Lehrbücher der Psychiatrie verwiesen.[1]

Die Schizophrenie ist eine verhältnismäßig häufige Störung.

Etwa die Hälfte der Patienten, die in eine psychiatrische Klinik eingewiesen werden müssen, leiden daran. Zwei Zahlen geben einen Eindruck von der Häufigkeit:

0,4 Prozent der Bevölkerung leiden an einem Stichtag an Symptomen einer Schizophrenie (akut oder chronisch). Zum Vergleich: etwa 15 bis 20 Prozent sind an einem Stichtag depressiv, und etwa 12 Prozent leiden an Symptomen einer Neurose.

1,0 Prozent der Bevölkerung erkrankt im Laufe des Lebens einmal an einer Schizophrenie. Mit andern Worten: etwa 600000 Menschen in der Bundesrepublik und 60000 in der Schweiz erkranken einmal an dieser Störung.

Die Schizophrenie zeigt einen unregelmäßigen Erbgang. Tabelle 9-1 zeigt das Risiko, an einer Schizophrenie zu erkranken, wenn ein anderes Familienmitglied daran leidet.

Tabelle 9-1:
Vererbungs-Wahrscheinlichkeit der Schizophrenie

- wenn ein Elternteil schizophren: 10 Prozent
- wenn ein Geschwisterteil schizophren: 10 Prozent
- wenn beide Eltern schizophren: 20–40 Prozent
- eineiiger Zwilling schizophren: 50 Prozent
- ein Verwandter zweiten Grades (Onkel, Neffe, Cousin) schizophren: 3 Prozent

Diese Zahlen mögen beängstigend erscheinen, doch betrachten wir sie einmal anders: Selbst wenn eine an Schizophrenie erkrankte Mutter zehn Kinder hätte, so würde statistisch nur eines wieder an der gleichen Störung erkranken. Allerdings beobachten wir in solchen Familien gehäuft das Auftreten anderer psychischer Störungen, die auf eine unterschwellige vererbte Nervenschwäche hindeuten.

Wann darf die Diagnose einer Schizophrenie gestellt werden?

Die Diagnose einer Schizophrenie wird heute sehr zurückhaltend gestellt. Während früher in Amerika jedes auffällige Verhalten und jede vorübergehende Psychose mit dem Etikett einer „Schizophrenie" versehen wurde, gelten seit einigen Jahren strenge Kriterien für die Diagnose.[2] Doch ist es selbst für den Erfahrenen schwierig, sich in Grenzfällen, besonders zu Beginn einer Erkrankung, festzulegen. Oftmals spricht man lieber von einer „Adoleszentenkrise" oder einfach von einer „Psychose".

Im Verlauf einer schizophrenen Erkrankung unterscheidet man *drei Phasen*, die in Tabelle 9-2 genauer beschrieben werden.

A. Prodromalphase (allmähliche Verschlechterung)
B. Aktive Phase (Akutsymptome)
C. Residualphase (Restzustand)

Tabelle 9-2: Kriterien für die Diagnose einer Schizophrenie[2]

Dauer: Gesamtdauer mindestens 6 Monate, verschiedene Dauer der einzelnen Phasen möglich
Beginn: vor dem 45. Lebensjahr

A. Prodromalphase:

(Prodrom = Vorläufer) Deutliche Verschlechterung gegenüber dem früheren Leistungsniveau (Berufstätigkeit, soziale Beziehungen, Selbstversorgung). Mindestens zwei der unten genannten Symptome, die nicht durch eine Verstimmung oder durch Drogen verursacht sind.

Symptome während der Prodromal- und Residualphase:

1. soziale Isolation oder Zurückgezogenheit
2. ausgeprägte Beeinträchtigung in Beruf, Haushalt oder Ausbildung
3. ausgeprägt absonderliches Verhalten (Sammeln von Abfällen, Horten von verrotteten Lebensmitteln, enthemmtes Verhalten...)
4. ausgeprägte Vernachlässigung der Hygiene und der Kleider
5. abgestumpfter, verflachter oder unangepaßter Gefühlsausdruck
6. abschweifende, vage, übergenaue, umständliche oder bildhafte Sprache
7. eigentümliche oder bizarre Vorstellungen oder magisches Denken; Gefühl, beeinflußt zu werden oder andere beeinflussen zu können; überwertige Ideen, Beziehungsideen
8. ungewöhnliche Wahrnehmungserlebnisse, z.B. wiederholte Illusionen, jemand oder eine unsichtbare Macht sei anwesend, die von andern nicht wahrgenommen werden kann.

B. Aktive Phase: Mindestens eines der folgenden Merkmale

1. bizarre Wahnphänomene (inhaltlich offensichtlich absurd und ohne mögliche reale Grundlage), z.B. Gefühl der Beeinflussung, des Gemachten, der Gedankenausbreitung, Gedankeneingebung oder Gedankenentzug;
2. körperbezogene, Größen-, religiöse, nihilistische oder andere Wahnphänomene
3. Verfolgungs- und Eifersuchtswahn, kombiniert mit Halluzinationen
4. Stimmenhören (Kommentare zum Verhalten des Betroffenen, sich unterhaltende Stimmen)
5. zerfahrenes Denken, deutliche Lockerung der Assoziationen, ausgeprägt unlogisches Denken und ausgeprägte Verarmung der sprachlichen Äußerungen, wenn sie mit mindestens einem der folgenden Merkmale einhergehen:
   - abgestumpfter, verflachter oder unpassender Gefühlsausdruck
   - Wahnphänomene oder Halluzinationen
   - katatones oder sonst grob desorganisiertes Verhalten

C. Residualphase:

(residual = verbleibend) Mindestens zwei der unter A genannten Symptome, die nach einer aktiven Krankheitsphase anhalten und nicht durch eine Verstimmung oder durch Drogen verursacht sind.

Formen und Verlauf der Schizophrenie

Die Abgrenzung einzelner Symptome der Schizophrenie ist nicht immer leicht. Im wesentlichen unterscheidet man heute drei Formen der Schizophrenie, die im folgenden kurz beschrieben werden.

1. Hebephrenie (oder desorganisierte Schizophrenie): Beginn in der Jugend, kindisch-läppisches Verhalten, Abbau der Persönlichkeit, oft antriebslos, deutlich verminderte Arbeitsfähigkeit.

Beispiel: Die 17jährige Silvia aus einer geordneten Familie erlebt verschiedene Belastungen: sie steht in den Zwischenprüfungen ihrer Kochlehre. Zudem zerbricht die Freundschaft mit einem jungen Mann. Sie verändert sich zunehmend, wird angetrieben und belästigt ihren früheren Freund Tag und Nacht mit Telefonaten. Sie fühlt sich traurig, lacht aber ständig ohne Grund. Bei der Arbeit macht sie alles falsch. Schließlich läuft sie davon und übernachtet im Freien bei strömendem Regen. Nun erfolgt die Einweisung in die Klinik.

2. *Katatone Schizophrenie:* Im Vordergrund stehen ausgeprägte Bewegungsstörungen (z.B. stundenlanges Verharren in einer ungewöhnlichen Körperstellung oder aber Erregungszustand).

Beispiel: Ein 35jähriger Schlosser, Herr F., beschäftigt sich intensiv mit dem Bau seines Einfamilienhauses. Spannungen mit dem Architekten führen zu einem Prozeß. Herr F. brütet nur noch über seinen Bauplänen, geht nicht mehr zur Arbeit und kann nicht mehr schlafen. Am Morgen findet ihn seine Frau wie erstarrt am Tisch. Er stößt ständig das Wort „Wasserleitung" hervor und klopft dabei bedeutungsvoll auf den Tisch. Der Zustand normalisiert sich unter Medikamenten nach zwei Wochen Klinikaufenthalt.

3. *Paranoide Schizophrenie:* der Betroffene leidet unter einem ausgeprägten Wahnsystem (Größenwahn, Erfinderwahn, Verfolgungswahn).

Beispiel: Der 22jährige Maler Thomas K. ist davon überzeugt, vor vier Jahren den Laserstrahl erfunden zu haben. Mittels einer Lupe habe er nun einen „computer-gesteuerten Bildschirm-Video-Vergrößerer" sowie einen „auf Foto-Basis gesteuerten Helikopter" entwickelt, die der Polizei zur Spurensicherung dienen könnten. Wenn er mit dem Finger den Tisch berührt, kann er seine Gefühle auf der Holzplatte speichern. Er kauft für über 10000 DM Werkzeuge und Instrumente zur Weiterentwicklung seiner Erfindungen ein. Bei der Arbeit macht er viele Fehler, weil er sich ständig von murmelnden Stimmen und von Laserstrahlen gestört fühlt.

Es ist nicht immer möglich, ein Zustandsbild auf Anhieb einer dieser drei Formen der Schizophrenie zuzuordnen. Wir beobachten in der Klinik die verschiedensten Übergangsformen, für die es weitere Namen gibt. Zwei davon seien hier genannt: Eine schleichende, symptomarme Schizophrenie wird als *Schizophrenia simplex* bezeichnet. Wenn schizophrene Symptome mit ausgesprochenen Stimmungsveränderungen (schwere Depression oder Manie) einhergehen, so spricht man von einer *schizoaffektiven Psychose.*

Der Verlauf der Schizophrenie

Die neuere Verlaufsforschung hat gezeigt, daß die Prognose der Schizophrenie erheblich besser ist als allgemein angenommen wird.[3] Falsche Hoffnungslosigkeit ist nicht am Platz. Grundsätzlich beobachten wir *drei Verlaufsformen* der Schizophrenie, wie sie in Abbildung 9-1 dargestellt werden:

1) einmalige Episode ohne Rückfall
2) wiederholte Schübe mit Abfall der Leistungsfähigkeit
3) chronische Verschlechterung mit schwerem Restzustand

Abbildung 9-1: Verlaufsformen der Schizophrenie

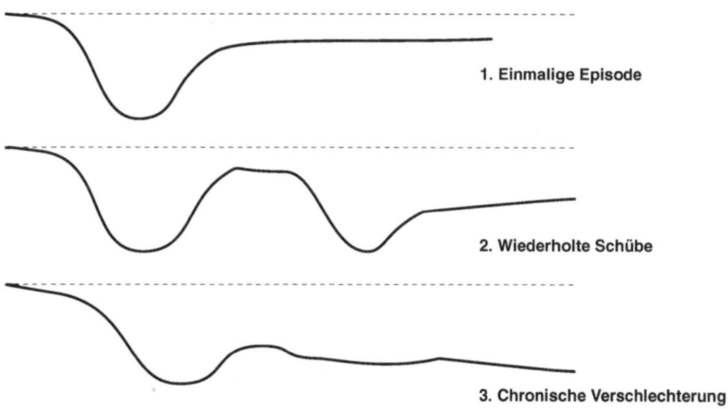

1) In rund 20 Prozent der Fälle kommt es nach einer schizophrenen Episode zu keinem weiteren Rückfall mehr, auch wenn diese Menschen in Belastungszeiten eine leicht erhöhte Nervosität kennen. Besonders *günstige Vorzeichen* sind:

- normale Anpassung vor der Erkrankung
- plötzlicher Beginn mit vielen, auffälligen Symptomen
- nach einem Schub Phasen relativer Gesundung
- günstige Lebensbedingungen zu Hause
- Motivation zur regelmäßigen Behandlung

2) Bei etwa 60 Prozent der Patienten treten über die Jahre *mehrere Schübe* auf. Dazwischen wirken diese Menschen völlig normal, auch

wenn sie in mancher Hinsicht weniger belastbar sind. Leider wird die Leistungsfähigkeit nach jedem Schub etwas herabgesetzt – es bleibt ein sogenannter *Rest- oder Defektzustand*. Dadurch ist die Aufgabenerfüllung in Haushalt, Schule und Beruf erschwert. Nicht selten muß ein bescheideneres berufliches Ziel angestrebt werden. Dies ist nicht unbedingt negativ. Ich denke an Beate, eine Krankenschwester, die nach einem psychotischen Schub nur noch zu 70 Prozent arbeiten konnte. Nach einem weiteren Schub ging sie in ein Pflegeheim, wo nicht so hohe Anforderungen gestellt wurden. Alle paar Jahre einmal kam es zu einer kurzen Krise, wenn sie unter außergewöhnlichen Belastungen stand. Einmal war es die Freundschaft mit einem Mann, ein anderes Mal eine anstrengende Reise nach Tunesien. Nach einem kurzen Klinikaufenthalt fühlte sie sich wieder wohl. In ihrer lieben, einfühlsamen Art wurde sie vielen Patienten zum großen Segen.

3) Bei den letzten 20 Prozent der Patienten entwickelt sich schließlich ein *schwerer Abbau der Persönlichkeit*. Selbst unter Medikamenten sind sie nicht frei von Wahnideen und Halluzinationen. Ihren Beruf können sie nicht mehr ausüben. Oft sind sie unfähig, für sich selbst zu sorgen und allein zu leben. Durch ihr auffälliges Verhalten und die massive Vernachläßigung der Körperpflege stellen manche Kranke eine unerträgliche Belastung für die Angehörigen dar und brauchen eine ständige Betreuung in einer psychiatrischen Klinik.

Der Störsender der Psychose

Die Forschungen der letzten Jahre haben gezeigt, daß allen Schizophrenieformen gemeinsame Störungen zugrunde liegen, die besonders das Denken beeinträchtigen.[4] Daraus leiten sich die anderen Schwierigkeiten ab, wie veränderter und abgeflachter Gefühlsausdruck, sozialer Rückzug, Veränderungen der Selbstwahrnehmung, Wahnideen, Sinnestäuschungen und Bewegungsstörungen.[5]

Was verstehen wir unter *zerfahrenem Denken*? Wer noch nie erlebt hat, wie sich das Denken eines Menschen im schizophrenen Schub verändert, kann sich das kaum vorstellen. Ich erinnere mich noch lebhaft an eine 28jährige Frau, die im Anschluß an eine Geburt eine

Psychose entwickelte. Beim Eintrittsgespräch war eine Verständigung kaum möglich. Ihre Gedanken waren wie eine zerborstene Glasmalerei. Wortscherben glitzerten auf, doch sie paßten nicht zusammen und ergaben kein Bild mehr für den Außenstehenden:

"Ich fühle mich wie ein B. B wie Bedürfnis. Aber ich kann es nicht bekommen, weil ein F dazwischen steht. Ich kann Ihnen jetzt nicht erklären, was ein großes F ist. Vreni. V wie Vreni. Ich fühle mich nicht mehr ganz mich selber. Mir fehlt das Tüpfelchen auf dem i. (Sie klopft bedeutungsvoll auf den Tisch, um ein i-Pünktchen zu zeigen.) Das Wort Ehe hat eine besondere Bedeutung, E wie Ehe. Wenn man das E umlegt, dann gibt es drei Zinken, die in die Luft schauen. Über die bin ich gestolpert. Schauen Sie das H in der Ehe an. Ich bin vom H heruntergefallen, tief, tief heruntergefallen, bis ich zum Arzt ging. Der gab mir eine Tablette (die Patientin zeichnet auf dem Tisch ein H, dann einen Pfeil nach unten und schließlich einen Kreis für eine Tablette), und hier wäre ich fast explodiert."

Die Zerfahrenheit des Denkens wird oft unterstrichen durch eine massive Störung des *Schriftbildes*. Abbildung 9-2 zeigt die Schriftprobe eines Mannes im psychotischen Schub, bevor er mit Medikamenten behandelt wurde. Man beachte die auseinanderstrebenden Schriftzüge, die Satzabbrüche, die verzweifelten Versuche, sich dem Leser verständlich zu machen.

Die Betroffenen spüren selbst, daß sie ihre Gedanken nicht mehr lenken können, besonders dann, wenn zu viele Eindrücke auf sie einstürmen. Eine junge Frau drückte dies einmal so aus: „Meine Gedanken begrüßen sich, aber ich weiß nicht, welchen ich die Hand geben soll." Oft sind die Kranken im Schub so sehr von dem absorbiert, was in ihnen vorgeht, daß sie nicht mehr fähig sind, sich auch noch einem Gegenüber zuzuwenden, geschweige denn ihre Aufgaben zu erfüllen. Sie scheinen dann völlig entrückt. Doch tut man diesen Menschen Unrecht, wenn man sie nun als „verrückt" abschreibt. Sie sind nur für eine gewisse Zeit unfähig, die Eindrücke, die von innen und außen auf sie einstürmen, normal zu verarbeiten. Daneben bleiben beim schizophrenen Menschen viele gesunde Anteile erhalten. Das Gesunde wird nicht aufgelöst, sondern nur hinter der vordergründigen Psychose versteckt. Aber der Störsender der Psychose funkt oft so aufdringlich ins „Programm", daß es nur noch bruchstückhaft verständlich ist. Gerade Menschen, die beruf-

Abbildung 9-2:
Schriftbild eines 35jährigen Mannes während einer akuten Psychose

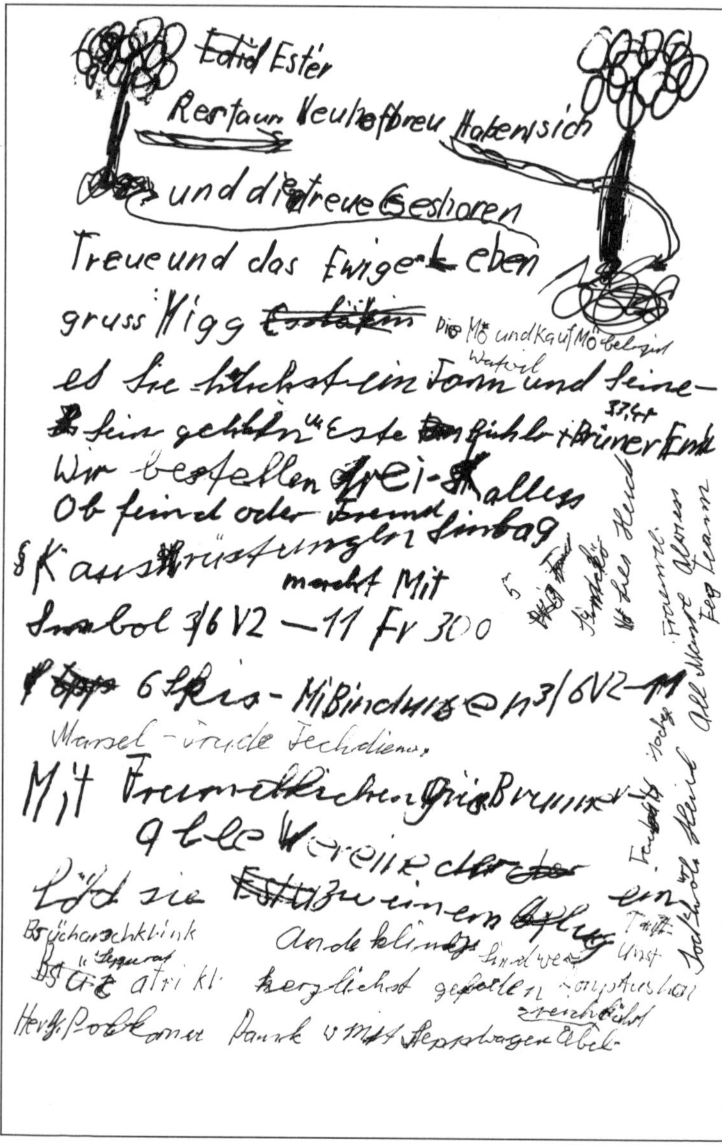

lich auf den geordneten Gang ihrer Gedanken angewiesen sind, leiden enorm darunter, daß sie ihre Fähigkeiten nicht mehr anwenden können. Sie haben es viel schwerer, wieder eine sinnvolle Arbeit zu finden, als eine einfache Fabrikarbeiterin, die nach Abklingen der Akutphase den Anforderungen einer Routinearbeit gewachsen bleibt.

Wie entsteht eigentlich eine Schizophrenie?

Diese Frage beschäftigt die Forscher seit Jahrzehnten. Jedes Jahr erscheinen Tausende von Artikeln und Büchern zu dieser Frage. Geforscht wird auf vielen Gebieten, von der Biochemie bis hin zur Verhaltensforschung. Das Geschehen in unserem Gehirn ist so komplex, daß wir bis heute nur *Modelle* für die Entstehung der Schizophrenie entwerfen können. Dennoch lassen sich einige große Linien aufzeigen, die durch umfangreiche Forschungsergebnisse untermauert werden können. Der Schweizer Psychiatrie-Professor Ciompi hat diese Faktoren in einem Modell (Abb. 9-3) zusammengefaßt, das im folgenden kurz beschrieben werden soll.[9]

Der Einfluß der Vererbung gilt nach den großen Studien an Zwillingen und an Adoptivkindern als gesichert.[7] Schizophrene Menschen haben offenbar eine vererbte Schwachstelle im Stoffwechsel des Gehirns, die durch den Einfluß der Umwelt weiter angenagt wird.[8] Es entsteht eine *verletzbare („vulnerable") Persönlichkeit*, die unter Streß vermindert belastbar ist. Diese wird u.a. durch folgende Eigenschaften gekennzeichnet:[9]

- „Ich-Schwäche" und Sensibilität
- ungewöhnliche Ängstlichkeit
- verminderte Fähigkeit, Freude zu empfinden (Anhedonie)
- abgeflachter Gefühlsausdruck
- Rückzug nach innen (Introversion)
- verminderte Selbständigkeit
- Beziehungsschwierigkeiten
- mangelhafte Leistungen in Schule und Beruf
- begrenzte Informations-Verarbeitungs-Kapazität

Abbildung 9-3:
Ein Modell der Entstehung der Schizophrenie (nach Ciompi)

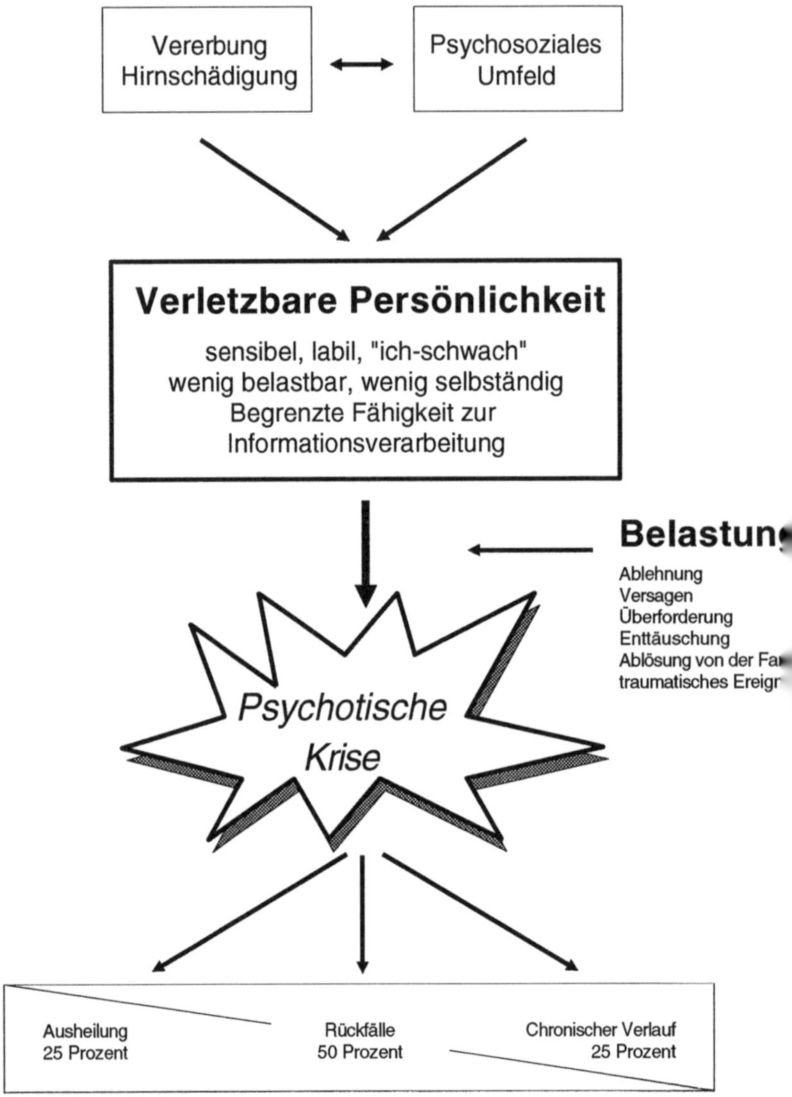

Kommt es nun zu einer Belastung (Streß), so ist eine verletzbare Persönlichkeit nicht mehr in der Lage, die entstehenden Gedanken, Gefühle und Aufgaben zu bewältigen – es kommt zum „Nervenzusammenbruch", zur psychotischen Krise, wie sie oben beschrieben wurde. Die *Auslöser* können ganz verschieden sein:

- Versagen (z. B. in der Schule)
- Ablehnung (z. B. von einer geliebten Person)
- Enttäuschung (z. B. in einem Berufsziel)
- Überforderung (z. B. in einer Entscheidung)
- die Ablösung von der Familie
- eine neue Rolle (z. B. Militärdienst, Geburt eines Kindes)
- ein anderes schweres Erlebnis (z. B. Tod eines nahen Menschen)

Die Beziehung zwischen Verletzbarkeit und Streß läßt sich in einem einfachen Schema darstellen (vgl. Abbildung 4-2, Seite 64).[10] Man beachte den Unterschied zwischen *Auslöser* und *Ursache*. Wenn eine Brücke unter dem Gewicht eines Lastwagens einstürzt, so ist er nicht die Ursache für ihren Einsturz, sondern nur der letzte Auslöser, nachdem die Grundpfeiler bereits seit Jahren unentdeckt vor sich hingerostet haben. Genauso ist es auch mit den Ereignissen, die zum Ausbruch einer Schizophrenie führen, so belastend sie auch erscheinen mögen. Das Problem liegt nicht in erster Linie am Ereignis, sondern an der Art, wie ein Mensch dieses Ereignis verarbeitet. Wie viele Schuldgefühle, wie viele Vorwürfe, wie viele falsche Klischees könnten durch diese Betrachtungsweise vermieden werden! Dies gilt insbesondere auch für die religiösen Auslöser und Färbungen einer Schizophrenie, auf die ich später zu sprechen komme.

Schizophrene Phänomene und ihre Erklärung

Wie können wir uns erklären, daß ein Mensch Stimmen hört, die ihn herumkommandieren? Wie sollen wir verstehen, daß ein junges Mädchen aus Angst vor Vergiftung nichts mehr ißt? Wie ist es möglich, daß ein Mann tätlich wird, nur weil sein Vater nach seinem Ergehen fragt? Wie kommt es, daß ein erwachsener Mensch sich nicht mehr wäscht, die Kleider nicht mehr wechselt und jeden Tag bis zum Mittag schläft?

Wir haben gesehen, daß man heute davon ausgeht, daß der Schizophrenie eine Störung der Biochemie des Gehirns zugrundeliegt.[11] In Kapitel 3 habe ich ein *Computermodell des Gehirns* vorgestellt. Dabei wurde ersichtlich, daß diese Betrachtungsweise die Anwendung seelsorgerlicher Anliegen nicht ausschließt, sondern sie ergänzt und gerade bei der Schizophrenie zum besseren Verständnis der Krankheit beiträgt.

Rufen wir uns kurz in Erinnerung, was zum Ablauf der Informationsverarbeitung im Gehirn gehört. Da ist zuerst einmal die *Wahrnehmung*: mit unseren Sinnesorganen (Augen, Ohren, etc.) nehmen wir ständig Eindrücke auf. In der Zentrale unseres Gehirns wird diese Information gedeutet, geordnet und gespeichert. Diesen Vorgang nennen wir *Denken*. Dabei unterscheiden wir zwei Formen: a) das *inhaltliche* Denken und b) das *formale* Denken. Die Sätze, die Sie hier lesen, sind der „Inhalt" dieses Buches. Was Sie aber damit machen, wie Sie die Information aufnehmen und im Gedächtnis behalten, das wird durch den Begriff des „formalen Denkens" umschrieben.

Wenden wir uns nun unseren schizophrenen Patienten zu, bei denen sozusagen die „Zentraleinheit" gestört ist. Das formale Denken (das „Betriebsprogramm") ist nicht mehr in der Lage, die anfallenden Informationen richtig zu deuten, zu bewerten, einzuordnen und abzuspeichern. Wahrnehmungen werden verzerrt und mit falschen Gefühlen aus dem Speicher verbunden – *Halluzinationen* sind die Folge. Speicherinhalte werden, ohne willentlichen Befehl der Zentraleinheit, ins Bewußtsein („auf den Bildschirm") gerufen und mit andern Eigenschaften kombiniert. Der Kranke hört plötzlich seine eigenen Gedanken, aber in der Stimmfärbung seiner Schwester.

Erlebnisse und Vorstellungen, Ängste und Wünsche werden ohne ersichtlichen Grund aus dem Speicher abgerufen und wie in einem riesigen Puzzle durcheinandergewürfelt. Für nahe Angehörige sind die einzelnen Worte und Ideen irgendwo noch verständlich. Sie kennen die Erlebnisse ihrer Kranken und können noch Fäden zu den bizarren Äußerungen spannen – der Außenstehende aber bleibt in dieser Welt ein Fremder. Die Abgrenzung zwischen real Erlebtem und der inneren Welt wird im schizophrenen Schub durchläßig – Phantasie und Wirklichkeit verschmelzen zu einem chaotischen *Wahnsystem*. Vergeblich versucht der Betroffene, aus der Gaukelwelt seines Wahns in die Wirklichkeit seiner Umgebung aufzutauchen – immer wieder schlagen die Wogen der Psychose über ihm zusammen.

Es wundert daher nicht, daß es auch im *Verhalten* eines Patienten zu uneinfühlbaren Reaktionen kommt. Er ist nicht mehr in der Lage, seine Fähigkeiten und sein anerzogenes Benehmen auf eine konkrete Situation anzuwenden. Einmal winkte ich einem Patienten freundlich zu. Er aber duckte sich, als hätte ich einen Stein nach ihm geworfen. Er hatte meine Handbewegung wahrgenommen, sie aber falsch gedeutet und mit Gefühlen der Angst und der Bedrohung verbunden. Seine Reaktion war für ihn logisch, für mich hingegen bizarr.

Nun verstehen wir also besser, wie schizophrene Symptome zustande kommen. In christlichen Kreisen stellt sich aber noch eine weitere Frage: Wie läßt sich der religiöse Wahn erklären? Wie kann man die schizophrenen Symptome geistlich einordnen? Auf diese Fragen werde ich im nächsten Kapitel eingehen.

Kapitel 10

Schizophrenie und Glaube

„Herr Doktor, ich bin in großer Not," so klagte mir eine ältere Frau. „Heute nacht sollte ich in den Himmel gehen, aber meine Zimmernachbarin hat es verhindert. Gott erlaubt ihr, mich zu plagen, und jetzt kann ich nicht mehr vergeben. Wissen Sie, vor zwei Jahren habe ich eine schwere Sünde begangen. Der Arzt wollte mir Blut abnehmen, aber ich habe nicht gewollt. Damals wußte ich noch nicht, daß ich ein großes Opfer hätte bringen sollen. Weil ich mein Blut nicht gegeben habe, kann Gott mich jetzt nicht zu sich nehmen."

Wie würden Sie eine solche Geschichte einordnen? Was würden Sie dieser Frau raten? Würden Sie sie über das einzig wahre Opfer belehren, das den Weg zu Gott frei macht? Würden Sie sie zur Vergebung ermutigen? Oder würden Sie versuchen, ihr zu zeigen, daß sie sich das alles nur einbildet?

Solche Fragen stellen sich für den Seelsorger, der mit schizophrenen Menschen während einer wahnhaften Phase zu tun hat. Nicht selten trifft er dabei Kranke, die ein christliches Vokabular gebrauchen, also im weitesten Sinne einen „religiösen Wahn" haben. Doch gerade dieser Ausdruck wirft viele Fragen auf – bei Christen wie bei ungläubigen Menschen. Oftmals werden falsche Schlüsse aus dem Gebrauch religiöser Begriffe gezogen. Selbst unter Ärzten und Pflegepersonal hört man immer wieder die weit verbreitete Vorstellung, die Religiosität eines Menschen habe seine Psychose verursacht. Zumindest aber sei der religiöse Wahn eine negative Auswirkung der Religion in der Gesellschaft.

Diese Behauptungen beruhen auf Vorurteilen, aber nicht auf sorgfältigen wissenschaftlichen Arbeiten. Ich werde in einem weiteren Abschnitt auf einige Studien zur religiösen Wahnthematik eingehen. Zuerst aber will ich erklären, wie es zu einem „religiösen Wahn“ kommt und wie man ihn verstehen kann.

Der religiöse Wahn und seine Erklärung

Grundsätzlich können drei Formen des „religiösen Wahns“ unterschieden werden:

a) Religiöse Bilder zur Erklärung schizophrenen Erlebens
b) Wahnhafte Verzerrung echter Religiosität
c) Fehlinterpretationen religiöser Äußerungen und Sonderlehren durch die Betreuer

Die beiden ersten sind als Besonderheiten der Erlebnisverarbeitung eines schizophrenen Menschen zu betrachten. Die dritte Form des religiösen Wahns beruht auf den Vorurteilen und auf dem Unverständnis der Betreuer gegenüber ungewohnten Ausprägungen der Religiosität.

a) Religiöse Bilder zur Erklärung schizophrenen Erlebens: Die Erlebnisse einer schizophrenen Denkstörung sind für den Betroffenen oft sehr unheimlich, „überirdisch“, fremd und bedrohlich. Er wird von Vorstellungen und Ängsten geplagt, die sich mit seiner bisherigen Erlebniswelt nicht mehr erklären lassen. Er verspürt Kräfte und Aufträge, die über das normale Maß hinausgehen. Aber er merkt auch den zerstörerischen Einfluß der Krankheit auf seine Arbeit, seine Beziehungen und schließlich seine eigene Persönlichkeit.

Wie kann ein solcher Mensch die Erlebnisse verstehen, die in der Psychose über ihn hereinbrechen? Irdische Bilder reichen oft nicht mehr aus. Doch im Religionsunterricht hat er von Engeln und Dämonen, von prophetischen Botschaften und von übernatürlichen Wundern gehört. Und so entwickeln auch Menschen, die im Alltag nicht vom christlichen Glauben geleitet werden, die phantasiereichsten religiösen Wahngebilde. Klingt der schizophrene Schub wieder ab, so kehrt auch der Glaube wieder auf das vorherige Niveau zurück.

b) Wahnhafte Verzerrung echter Religiosität: Der Patient hatte vor seiner Erkrankung einen gesunden Glauben. Dieser wird jedoch wie andere Lebensinhalte durch die Krankheit verzerrt empfunden und geäußert. Ich denke hier an ein gläubiges junges Mädchen, das ganz im Gegensatz zu seinem früheren Verhalten plötzlich „aktiv für Jesus" sein möchte. Die Gedanken an „die Verlorenen" beherrschen sie immer mehr. Sie kann kaum mehr schlafen und verteilt stapelweise Traktate. Schließlich verletzt sie sich mit einem Messer am Handgelenk. Den erschrockenen Eltern erklärt sie, sie habe ihr Blut für die Verlorenen geben wollen, weil bald Karfreitag sei. – Unter der Behandlung klang die Störung innert weniger Tage ab, das Glaubensleben erlitt jedoch keinen Schaden dadurch. Die junge Frau ist heute verheiratet und aktiv in ihrer Gemeinde.

Zu dieser Kategorie gehören auch depressive Wahnideen, wie z.B. Versündigungsideen, die groteske Formen annehmen können. Ich verweise hier auf das Kapitel „Depressionen", Seite 95ff.

c) Besondere Glaubensausprägungen werden durch die Betreuer beim schizophrenen Patienten als Ausdruck seiner Krankheit empfunden, obwohl diese dem Glauben seiner Kirche oder seiner religiösen Gruppe entsprechen. Gerade hier ist viel Verständnis für ungewöhnliche Ausprägungen christlichen Gedankenguts notwendig, um dem Patienten nicht unrecht zu tun.

Wenn ein Bibelschüler äußert, er wolle „allen Menschen von Jesus erzählen", so ist dies noch nicht von vorneherein als „Missionierungswahn" abzutun, selbst wenn er vielleicht an einer schizophrenen Störung leidet. Er wird ja dazu ausgebildet, andern Menschen das Evangelium weiterzusagen, so wie die Bibel es lehrt.

Schwieriger wird es schon, wenn eine deutsche Frau erzählt, sie habe sich „vom Dämon Hitlers freibeten lassen". Die Unterscheidung zwischen Wahn und Sonderlehre ist erst möglich, wenn man weiß, daß ihr dies von einem bestimmten „Seelsorger" gesagt wurde, der routinemäßig viele andere psychisch gesunde Glaubensgenossen deutscher Abstammung zur Überzeugung brachte, sie müßten sich zwecks Glaubenswachstums durch ihn vom Geist Hitlers freibeten lassen (so geschehen in der Schweiz anno 1985).

Zugegeben, solche Vorfälle strapazieren auch das Verständnis des tolerantesten Psychiaters. Sie machen besser verständlich, weshalb gerade psychiatrisch Tätige oft Vorurteile gegen gläubige Menschen haben. Hier ist es besonders wichtig, zwischen Glaube, Aberglaube und Wahn zu unterscheiden.[1] Dennoch hat ein Christ das Recht, in der psychiatrischen Klinik genauso ernst genommen zu werden wie ein kranker Umweltschützer oder ein psychotischer Friedensfreak, deren Ansichten dem Personal vielleicht näher stehen.

Macht der christliche Glaube krank?

Diese Frage kann heute mit einem klaren Nein beantwortet werden. So haben zwei Untersuchungen an schweizerischen psychiatrischen Kliniken ergeben, daß kein Zusammenhang zwischen religiöser Erziehung und religiösem Wahn hergestellt werden kann.[2] Ein Autor kommt zum Schluß: „Es zeigt sich somit das überraschende Resultat, daß ein starkes religiöses Interesse im Elternhaus eher mit einer schwachen als mit einer starken religiösen Psychosethematik zusammenhängt."[3]

Allgemein gilt: der religiöse Wahn ist nur eines der möglichen Themen des Wahns. *Niemals darf man aus dem Wahninhalt ableiten, daß darin die Ursache für die schizophrene Erkrankung zu suchen sei.* Dies wäre genau so absurd, wie wenn man die Technik für den Ausbruch einer Schizophrenie verantwortlich machen würde, bei der sich der Patient von Lasern und Computern beeinflußt fühlt, oder wenn man Umweltschützern das Entstehen eines „grünen" Wahns anlasten würde.

Wodurch wird die Thematik eines Wahns denn beeinflußt? Vieles deutet darauf hin, daß die in einer Kultur vorherrschenden Ideen und Weltanschauungen auch den Inhalt des Wahngeschehens prägen. Der deutsche Psychiater Kranz untersuchte die Wahninhalte von Patienten in den Jahren 1886, 1916 und 1946 und konnte zeigen, wie die Erfindung neuer Techniken (z. B. Radio) oder aber das Auftreten des Führers die Wahnideen der Kranken einfärbte.[4] Weitere Studien haben bestätigt, daß es über die Jahrzehnte zu einer Verschiebung der Häufigkeit einzelner Wahnthemen gekommen ist.[5]

Wahnideen werden häufig durch Ereignisse und Einstellungen geprägt, die für den Patienten mit starken Gefühlen verbunden sind (Angst, Liebe, Versagen, Ablehnung). In unserer Zeit, wo das Leben weniger vom Glauben an Gott geprägt wird, finden wir auch weniger religiöse Wahnthemen. Hingegen haben in den vergangenen Jahren mit dem Waldsterben, Chemieunfällen und atomaren Katastrophen die wahnhaften Umwelt-Ängste deutlich zugenommen.

Zusammenfassend kann also gesagt werden: Ein Wahn kann eine religiöse Färbung haben, doch läßt sich daraus keine Ursache für die Erkrankung ableiten. Die Entstehung eines Wahns läßt sich nur im Gesamtzusammenhang mit der Lebenssituation und der Persönlichkeitsstruktur eines Kranken besser verstehen, aber nie völlig erklären.

Die Schizophrenie im Spiegel der Seelsorgeliteratur

Nachdem nun einige Erklärungen schizophrener Symptome aus wissenschaftlicher Sicht dargestellt wurden, möchte ich kurz auf einige Theorien in christlichen Büchern eingehen. Wer die vorhandene Seelsorgeliteratur durchblättert, findet drei große Richtungen:

a) Anerkennung als Krankheit, kein spezielles Seelsorgekonzept
b) Betonung von Sünde und Verantwortungslosigkeit
c) Betonung einer dämonischen Verursachung („okkulte Belastung")

Es ist mir ein Anliegen, diese Modelle kurz zu erläutern, um in einem Bereich Klarheit zu schaffen, der bei vielen Christen Unsicherheit und neue Nöte mit ihren kranken Angehörigen verursacht. Aus meinen bisherigen Darlegungen wurde deutlich, daß die Schizophrenie als Krankheit zu betrachten ist, die einer fachärztlichen Behandlung bedarf. *Die Feststellung dieser Krankheit schließt aber eine seelsorgliche Betreuung nicht aus.* Es müssen also Konzepte entwickelt werden, wie man schizophrene Mitchristen in ihrer Not begleiten und betreuen kann.

Schizophrenie und Sünde

Die Seelsorgeschule um Jay Adams betonte die Rolle der Sünde und der persönlichen Verantwortung. Psychose sei ein Ausweichen vor der Konfrontation mit biblischen Wahrheiten und Flucht vor verantwortlichem Leben. Wird zum Beispiel ein junger Mann nach einem Schulversagen psychotisch, so sei dies sein Weg, um der Tatsache seines Scheiterns und der Verantwortung einer geregelten Arbeit aus dem Weg zu gehen.[6]

Ich möchte nicht das aufrichtige Anliegen von Adams bezweifeln, biblische Wahrheiten neu in die Seelsorge einzuführen. Leider zeugen seine Aussagen von einem veralteten und einseitig angelesenen Wissen über die Natur der Schizophrenie, selbst dort wo er noch „organische“ Ursachen zuläßt. Obwohl die Sündhaftigkeit des Menschen die Ursache vieler Schwierigkeiten ist, läßt sich dieses Konzept nicht in kurzschlüssiger Art auf die Schizophrenie anwenden.

Die Verknüpfung von zwei wahren Aussagen mit dem Wörtchen „weil“ kann sehr irreführend sein. Betrachten Sie die folgende Aussage: „Es kommt zu Autounfällen, *weil* Autos die Luft verschmutzen.“ Wohl sind beide Aussagen wahr, ihre Verknüpfung aber nicht. Alle Autos tragen zur Luftverschmutzung bei, aber nur ein kleiner Prozentsatz ist in einen Unfall verwickelt. Zudem wissen wir, daß ganz andere Gründe zu Unfällen führen als die Luftverschmutzung. Und nun betrachten Sie folgende Tatsache: Alle Menschen sündigen, aber nur 1 Prozent erkrankt an einer Schizophrenie. Dürfen wir da die Sünden des Betroffenen für seine Erkrankung verantwortlich machen, ohne andere Gründe zu berücksichtigen?

Ein schizophrener Mensch kann – wie wir alle – sündigen. Es mag banal klingen: ihm kann auch – wie uns allen – vergeben werden. Besonders bei leichteren Verläufen verfügt ein schizophrener Mensch in den Zwischenphasen über eine normale Zurechnungsfähigkeit. Bei chronischen Entwicklungen sind aber manche Verhaltensauffälligkeiten krankheitsbedingt und nicht bösartige Absicht. So muß ich fragen: Ist es Sünde, wenn ein chronisch schizophrener Mann trotz vielfacher Ermahnungen nachts mit Holzschuhen herumläuft und sich nicht wäscht? Meiner Ansicht nach nicht. Sicher aber ist solches Verhalten störend – vielleicht so sehr, daß es nicht mehr möglich ist, einen Patienten zu Hause zu behalten, weil die Mitbewohner seine Unruhe nicht mehr ertragen.

Schizophrenie und Okkultismus

Einige Autoren von Seelsorgebüchern stellen eine ursächliche Beziehung zwischen Schizophrenie und dämonischen Einflüssen her. Die folgenden Zitate sind alle dem gleichen Buch entnommen.[7]

Zuerst hält der Autor fest: „Alle Beschreibungen von Psychosen, die wir in der Bibel vorfinden, weisen das Merkmal der Schuld und der okkulten Belastung auf." Daraus leitet er ab, daß deshalb auch alle Psychosen unserer Zeit diese Zusammenhänge aufwiesen. Warum haben nicht mehr Christen diese Erkenntnis? „Der Hauptgrund für die Fehldeutung der Psychosen scheint aber darin zu liegen, daß die geistliche Sensibilisierung der Patienten, die die Voraussetzung dafür ist, daß die Mächte sich zu erkennen geben und mobilisiert werden, offenbar nicht oder nur ganz selten erfolgte."

Es gibt noch mehr Erklärungsprobleme. Wie kann es geschehen, daß ein Mensch, der sich nie in okkulte Praktiken eingelassen hat, trotzdem an einer Psychose erkrankt? Die Antwort: „Bei keinem Psychotiker begann die Okkultproblematik in seinem eigenen Leben. Immer konnte ich eine dämonische Belastungslinie von mindestens zwei, meistens drei bis vier Generationen rückwärts ausmachen."

Dies hat Folgen für die Behandlung. Eine Freibetung sei notwendig, doch leider meist erfolglos. Die Erklärung: „Der Befreiungsdienst an psychotischen Christen ist mühsam und zeitlich meistens aufwendig ... Wenn bei den Seelsorgern und der verantwortungfühlenden Gemeinde der Glaubensgrund zum aktiven Vorgehen im Lösen und Befreien noch nicht gelegt ist, ist es besser, den Kranken zunächst einmal an die Klinik zur Behandlung mittels Psychopharmaka abzugeben. Die Zeit zum geistlichen Angriff wird dann später kommen."

Nun ist also die Gemeinde schuld, daß es einem Psychotiker nicht besser geht. Zuletzt wird der Patient in die Klinik abgeschoben, wo ihn „weltliches" Personal betreuen darf, bis er soweit hergestellt ist, daß der Okkult-Seelsorger zum nächsten geistlichen Angriff blasen kann. Ich möchte es dem Leser überlassen, zu beurteilen, ob ein solcher Ansatz hilfreich, barmherzig oder gar biblisch ist.

Spielt denn der Okkultismus gar keine Rolle bei schizophrenen Menschen? Hier gilt dasselbe wie für die Frage von Sünde und Schizophrenie. Auch Schizophrene können sich in okkulte Praktiken eingelassen haben. Bekenntnis und Freibetung lösen aber nicht das ganze Problem. Man tut daher Gläubigen in einer psychotischen Krise großes Unrecht, wenn man sie als besessen oder dämonisch beeinflußt bezeichnet und sie belastenden Austreibungs-Ritualen unterwirft. Oft führen Freibetungen in dieser Situation zu einer Verschlimmerung der Psychose, wie dies indirekt auch von Dr. Margies selbst zugegeben wird: „Wer seinen Glauben überzieht, erleidet bittere Enttäuschungen.“ [8]

Bis jetzt konnte ich durch Seelsorge-Modelle, die Schizophrenie einseitig auf Sünde oder okkulte Belastungen zurückführen, keine Verbesserung der äußeren Situation und des geistlichen Lebens, geschweige denn der Grundkrankheit erkennen. Viel häufiger wurde das Vertrauen von Angehörigen und Patienten in den Seelsorger oft dermaßen erschüttert, daß eine Zusammenarbeit von Arzt und Seelsorger verunmöglicht wurde.

Doch wie können wir schizophrene Menschen behandeln? Gibt es Alternativen? Lassen sich psychiatrische und seelsorgerliche Hilfen miteinander verbinden? Welche Möglichkeiten hat eine biblische Seelsorge zur Betreuung schizophrener Menschen? Diese Fragen sollen im nächsten Kapitel besprochen werden.

Kapitel 11

Schizophrenie: Therapie und Seelsorge

Die Behandlung der Schizophrenie hat sich in den letzten dreißig Jahren dramatisch gewandelt. Wenn ich die alten Krankengeschichten meiner Patienten durchgehe, dann bin ich immer wieder berührt von der schrecklichen Auswegslosigkeit, in der sich chronisch schizophrene Menschen vor 1950 befanden. Es gab kaum etwas, was ihre Unruhe, ihre Ängste und ihre Wahnideen lindern konnte. Ärzte und „Wärter" griffen zu verzweifelten Mitteln, um das Leben für die Kranken erträglicher zu machen. Oft waren sie so absorbiert von ihrer psychotischen Innenwelt, daß Zuspruch von außen sie nicht mehr erreichte. An eine Rückkehr in ihre Familie war nicht zu denken.

Auch leichtere schizophrene Phasen, die heute innert Wochen abklingen, dauerten ohne Medikamente Monate und Jahre. Eine eindrückliche Schilderung dieser Zeit gibt Hannah Green in ihrem Buch „Ich hab' dir nie einen Rosengarten versprochen".[1] Heute ist die Zeit, wo Patienten zur Beruhigung in nasse Leintücher gehüllt oder in Deckelbäder gesetzt werden, vorbei.

Die meisten schizophrenen Menschen leben außerhalb der Klinik. Ihre Betreuung ist eine Herausforderung, nicht nur an Ärzte und Pflegepersonal, sondern auch an die Seelsorger und die Angehörigen, die mit ihnen leben. Auf den folgenden Seiten werde ich mögliche Zugänge zur Betreuung schizophrener Menschen aufzeigen, die sowohl medizinische und soziale als auch seelsorgliche Aspekte berücksichtigen. Nur in der Zusammenarbeit aller Beteiligten läßt sich eine optimale Betreuung realisieren.

Drei Säulen in der Behandlung der Schizophrenie

Die Vielzahl der therapeutischen Ansätze läßt sich in drei große Gruppen einteilen:

1. Medikamente (Neuroleptika)
2. geregelter Tagesablauf
3. emotionales Klima

1. Medikamente: Da bei der Schizophrenie Störungen der Gehirn-Biochemie eine wichtige Rolle spielen, haben Medikamente einen wesentlichen Einfluß auf das Zustandsbild. Im Vordergrund stehen die *Neuroleptika* (Beispiele: Haldol, Fluanxol, Clopixol, Leponex u. v. a. m.). Sie führen allgemein zu einer Beruhigung und zu einer Ordnung der Denkvorgänge. Eine ärztlich kontrollierte Dauermedikation (z. B. mit Depot-Spritzen) ist die wichtigste Säule in der Vorbeugung eines Rückfalls.

Leider sind aber auch durch eine noch so regelmäßige Einnahme der Medikamente nicht alle Probleme lösbar. Gerade schwere und schleichende Verläufe der Schizophrenie lassen sich nur unbefriedigend beeinflussen. Doch allein schon die Beruhigung des Kranken kann es den Angehörigen erleichtern, einen schizophrenen Patienten zu Hause zu betreuen, anstatt ihn der Klinik überlassen zu müssen.

Wie alle Medikamente sind auch die Neuroleptika nicht ohne *Nebenwirkungen.* Im Vordergrund stehen Muskelverspannungen, Müdigkeit, Speichelfluß und Unruhe in den Beinen. Sie können jedoch in den meisten Fällen durch ein zusätzliches Medikament in Grenzen gehalten werden. Als Faustregel gilt: die Medikamente sind richtig dosiert, wenn die Akut-Symptome unter Kontrolle sind und der Schlaf geordnet wird.

2. Tagesablauf: Schizophrene Menschen haben oft Mühe, ihren Tag zu gestalten. Man bemüht sich deshalb in der modernen Psychiatrie, den Patienten während der Woche Beschäftigungsprogramme anzubieten, sei dies innerhalb der Klinik oder außerhalb in geschützten Werkstätten. Sie brauchen einerseits *Schutz vor Streß*, andererseits das *Training der noch vorhandenen Fähigkeiten* sowie den *Kontakt mit anderen Menschen.* Ein geregelter Tagesablauf ist wichtig aus folgenden Gründen:

a) Ein klares zeitliches Programm gibt dem Patienten Orientierungshilfen und lockert den langen Tag auf.

b) Es vermittelt ihm das Gefühl: Ich werde gebraucht und kann etwas Sinnvolles machen.

c) Die Angehörigen werden entlastet, und die Betreuung wird auf mehrere Schultern verteilt.

3. Emotionales Klima: Menschen, die an einer Schizophrenie leiden, sind allgemein weniger belastbar. Die Einstellung ihrer Umwelt, insbesondere die der Angehörigen, kann zur Vorbeugung eines Rückfalls beitragen. Es gilt, den Patienten mit seinen Grenzen anzunehmen, ohne ihm alle Verantwortung abzunehmen.

Das ist nicht immer leicht. Noch vor wenigen Jahren meinte man, in der Reaktionsweise der Angehörigen einen wichtigen Faktor der Krankheitsauslösung festgestellt zu haben. Die „EE-Forschung" (expressed emotions, zu deutsch: Ausdruck der Gefühle) stellte fest, daß die Angehörigen von Patienten, denen es gutging, ihn besser annahmen, weniger kritisierten und ihm mehr Selbständigkeit zubilligten. Man schloß daraus, daß es den Patienten besser ging, *weil* sich die Angehörigen so verhielten. Heute wird zunehmend klar, daß es den Angehörigen leichter fiel, sich so zu verhalten, weil es dem Patienten besser ging.[2] Dennoch brauchen die Angehörigen und die Betreuer immer wieder Ermutigung, um dem Kranken in der richtigen Weise Liebe zu zeigen und ihm Grenzen zu setzen.

Ein Wort zur Psychotherapie der Schizophrenie

In Ergänzung zu den drei oben genannten Säulen können stützende Gespräche und die einfühlsame Beratung des Patienten und seiner Angehörigen sehr wertvoll sein. Gerade in Krisen sind sie dankbar für die Begleitung durch eine außenstehende Fachkraft, die ihnen in der Bewältigung der anfallenden Probleme hilft.

Darüber hinaus aber hat sich Psychotherapie bei schizophrenen Patienten nicht bewährt.[3] Für die meisten schizophrenen Menschen sind Psychotherapien eine Überforderung, ja sie können sogar großen Schaden anrichten. Verfahren, die Gefühle freizusetzen und verborgene Motive aufzuarbeiten suchen, sind geradezu gefährlich. Ich habe mehrfach Rückfälle und sogar Suizide beobachtet, die durch psychodynamische Gruppentherapien, Transaktionale Analyse, Urschrei-Therapie und ähnliche Verfahren ausgelöst wurden.

Es darf an dieser Stelle nicht verschwiegen werden, daß auch intensive seelsorgliche Bemühungen die gleichen Folgen haben können.[4] Die Schizophrenie-Behandlung gehört weiterhin in die Hand des Arztes, unterstützt von einfühlsamen Betreuern bzw. Seelsorgern, die ihre Grenzen kennen. Wir müssen uns nun also überlegen, welchen Beitrag der biblisch orientierte Seelsorger zur Therapie schizophrener Menschen leisten kann.

Seelsorge an schizophrenen Menschen

Seelsorge ist abhängig von der Gesprächsfähigkeit eines Menschen, von seiner Fähigkeit, das Gesagte zu verstehen, richtig einzuordnen und anzuwenden. Weil bei schizophrenen Menschen – insbesondere im akuten Schub – das Denken schwer gestört ist, sind dem seelsorglichen Gespräch enge Grenzen gesetzt.

Die Gesprächsfähigkeit ist bei schizophrenen Menschen je nach Phase unterschiedlich. Am wenigsten kann ein Ratsuchender während einer akuten psychotischen Phase aufnehmen. Dazwischen ist jedoch häufig ein normales Gespräch möglich. Ähnlich verhält es sich auch mit dem geistlichen Leben. Es wird durch die Denkstörung stark verzerrt, kann nachher jedoch wieder völlig normal werden und bei der Erholung eine wichtige Stütze für den Patienten sein.

Deshalb möchte ich auf die Möglichkeiten und Grenzen der Seelsorge an schizophrenen Menschen in zwei Teilen eingehen, nämlich in der Akutphase und während der Residualphase bzw. der symptomlosen Zwischenphase.

Verhalten in der Akutphase[5]

1. *Bleiben Sie ruhig* und versuchen Sie, den Menschen immer wieder auf die reale Ebene zurückzubringen, d.h. sprechen Sie ihn auf die wirkliche Situation an, auch wenn diese Kranken für Ihre Argu-

mente nur schwer zugänglich sind. Die Umstände, unter denen die Einweisung in eine Klinik erforderlich wird, können dabei sehr dramatisch sein, so daß der Helfer leicht aus dem Konzept gerät.

2. *Seien Sie konsequent* und tun Sie alles, damit der Kranke zu einer ärztlichen Behandlung motiviert wird. Diese Kranken müssen grundsätzlich fachärztlich versorgt werden. Ein akuter Schub der Schizophrenie kann nur selten ambulant erfolgreich behandelt werden. In der Regel haben diese Menschen keine Krankheitseinsicht. Darum ist es unter Umständen erforderlich, daß Sie dem Kranken diese Entscheidung abnehmen; dabei dürfen Sie selbst keine Unsicherheit zeigen. Da diese Patienten ihre Orientierung verloren haben, müssen Sie als Seelsorger diese Richtungsweisung geben.

3. *Verhalten Sie sich natürlich und ungezwungen.* Gehen Sie nicht in eine Art Schutzstellung, sondern setzen Sie ein soziales Verhalten bei dem Kranken voraus und reden Sie ganz natürlich mit ihm.

4. *Besuchen Sie ihn* während seines Aufenthaltes in der Klinik, damit er die Beziehung zu der normalen Welt nicht verliert. Es ist dabei wichtig, daß der Kranke während seines Klinikaufenthaltes auf das vorbereitet wird, was danach auf ihn zukommt. Hier ist der Zuspruch der Liebe Gottes und der Gemeinde sowie die Betonung von Gottes Durchtragen auch nach der Klinikzeit besonders wichtig. Doch ein Wort der Vorsicht: Am Anfang sollten Besuche in enger Absprache mit dem Pflegepersonal erfolgen. Für die geschwächten Nerven des Kranken können Besuche sehr anstrengend sein und zu einer vorübergehenden Verschlechterung seines Zustandes führen.

Seelsorge nach der Rückkehr aus der Klinik

Die medizinische Betreuung schließt eine behutsame seelsorgliche Begleitung nicht aus. Vielmehr ist es gerade für den gläubigen Menschen, der durch das beängstigende Erlebnis einer Psychose gegangen ist, ein Bedürfnis, seine Krankheit im Licht seines Glaubens zu verstehen und zu verarbeiten.

Mit welchen Fragen wird der Seelsorger konfrontiert? In meinen Gesprächen sind mir drei Gruppen von Fragen begegnet:

1. Sinn- und Glaubensfragen
2. Fragen zur Krankheit: Ursachen, Verlauf, Medikamente etc.
3. Fragen zur Lebensbewältigung:
   a) Umgang mit mangelnder Belastbarkeit
   b) praktische Lebensgestaltung
   c) Beratung und Trost der Angehörigen

Sinn- und Glaubensfragen

Das Erlebnis einer Psychose wirft für den gläubigen Patienten und seine Angehörigen grundlegende Fragen auf, die sie mit dem Psychiater zumeist nicht besprechen können. Hier sind einige Beispiele:

- Warum läßt Gott das zu?
- Woher kommt diese Krankheit: liegt Sünde oder eine okkulte Belastung vor?
- Wir haben alles versucht, warum nützt das Gebet nicht?
- Weshalb ist das geistliche Leben so gestört?
- Dora, 23jährig, Verkäuferin: „Ich habe keine Glaubensgewißheit mehr! Es ist, als würde mir die Gewißheit von meiner Nachbarin weggenommen. Sie schaut immer so finster drein."
- Reinhard, 32, Lehrer: „Ich bin oft so müde und verstehe die Bibel gar nicht mehr. Ich liege einfach herum. Kann Gott mich überhaupt noch annehmen?"
- Und schließlich: „Gibt es noch Hoffnung?"

Sie merken: auf diese Fragen gibt es keine einfache Antwort. Oft müssen wir mit dem Leiden des schizophrenen Menschen ringen wie mit den Qualen eines Krebskranken. Die Seelsorge muß in dieser Phase gekennzeichnet sein von Barmherzigkeit und Geduld – nicht im resignierenden Abwarten, sondern im aktiven „Tragen der Schwachen" im Wissen um die Verheißungen des Wortes Gottes. Christen haben Hoffnung, die über Gesundheit und Leistungsfähigkeit, Reichtum und Glück hinausgeht!

Religiösen Wahnideen sollte man nicht allzu große Aufmerksamkeit schenken, da sie sich in den meisten Fällen von selbst zurückbilden. Bestenfalls kann man ihnen in einfachen, von Überzeugung getragenen Worten die biblischen Tatsachen entgegenhalten. So könnte man auf die Frage von Dora antworten: „Zur Zeit sind Sie vielleicht nicht in der Lage, so wie früher am Glauben festzuhalten. Aber Jesus ist treu. Er ist stärker als alle bösen Mächte. Er hält uns, auch wenn wir keine Kraft haben, uns an ihn zu klammern. Sie werden die Freude am Glauben wiederbekommen. Doch es braucht einfach Zeit, bis Sie ganz wiederhergestellt sind."

Bei Reinhard handelt es sich um einen früheren Lehrer, der schon seit acht Jahren nicht mehr arbeitsfähig ist (Residualzustand). Er braucht immer wieder den tröstenden Zuspruch, daß sein Wert vor Gott nicht abhängig ist von seiner Leistung. Ihm gilt besonders die Verheißung: „Der Geist Gottes kommt uns zu Hilfe. Wir sind schwach und wissen nicht einmal, wie wir angemessen zu Gott beten sollen. Darum tritt der Geist bei Gott für uns ein mit einem Flehen, das sich nicht in Menschenworten ausdrücken läßt." [6] – Die Antworten in diesem Fall sind ähnlich wie in der Betreuung von Menschen, die an schweren körperlichen Behinderungen leiden. Ich durfte wiederholt erleben, wie Patienten auch in der Schwachheit ihres schizophrenen Residualzustandes lernten, Gott zu vertrauen und Kraft aus seinem Wort zu schöpfen. Es versteht sich von selbst, daß der seelsorgliche Zuspruch nie isoliert von einer praktischen Betreuung und Beratung des Patienten und seiner Angehörigen steht.

Fragen zur Krankheit

Gerade weil die Schizophrenie so schwer zu verstehen ist, wird auch der Seelsorger mit Fragen zu dieser Krankheit konfrontiert und sollte einige Antworten geben können. Wenn Sie dieses Buch aufmerksam gelesen haben, sind Sie in der Lage, die wichtigsten Fragen über *Ursache, Erklärung und Verlauf* der Schizophrenie zu beantworten.

Häufig wollen die Kranken auch die Meinung des Seelsorgers zu den *Medikamenten* hören: „Muß ich noch Tabletten nehmen?" fragen sie dann etwa. „Ich will doch nicht süchtig werden!" In keinem Fall sollte man einem Ratsuchenden von der Einnahme von Neuroleptika abraten. Verweisen Sie ihn immer an seinen Arzt und erklären Sie ihm, wie hilfreich Medikamente sind, auch wenn er einige Nebenwirkungen verspürt. Es ist besser, mit Hilfe von Mitteln außerhalb der Klinik leben, arbeiten und den Gottesdienst besuchen zu können, als ohne Tabletten oder Spritzen wieder in eine Psychose zu geraten.

Die regelmäßige Einnahme von neuroleptischen Mitteln ist nicht einer Sucht gleichzusetzen. Viel eher kann man sie der regelmäßigen Verabreichung von Insulin beim Diabetiker vergleichen, der ja auch an einer Stoffwechselstörung leidet. Im übrigen ist die Fähigkeit, regelmäßig und ausreichend zu schlafen, ein gutes Zeichen für die medikamentöse Einstellung. Falls Sie beobachten, daß ein schizophrener Mensch plötzlich weniger schläft und stärker angetrieben ist, so nehmen Sie Kontakt mit seinem Arzt auf!

Barmherzigkeit und Geduld

Auch die *Angehörigen* haben manchmal das Bedürfnis nach einer Aussprache. Wie oft stehen sie in dem Dilemma: „Was ist im Verhalten des Patienten krankheitsbedingt, was ist Absicht? Wie sollen wir uns verhalten? Wo sind die Grenzen, die eine erneute Einweisung in die Klinik nötig machen?" Die Beantwortung dieser Fragen ist nicht immer möglich, selbst nicht für den Erfahrenen. Oft geht es nicht in erster Linie um Recht oder Unrecht, sondern um die Tragfähigkeit der Angehörigen und Betreuer in einer bestimmten Situation. Wer nicht selbst in einer so belastenden Lage war, enthält sich oft besser eines Werturteils. In jedem Fall sollte man sich leiten lassen von Einfühlungsvermögen und Barmherzigkeit gegenüber dem Kranken und seinen Angehörigen.

Seelsorger, die schizophrene Menschen betreuen, brauchen viel Geduld und die Bereitschaft, die Lasten der betroffenen Kranken und ihrer Familien mitzutragen, auch ohne spektakuläre Veränderungen. Dennoch besteht kein Grund dazu, die *Hoffnung* zu verlieren. Vergessen Sie nicht, daß es in 75 Prozent der Fälle bei einer fachgerechten Behandlung zur Besserung kommt, doch es braucht viel Zeit. Auf dem Mittragen der Lasten liegt die Verheißung: „So werdet ihr das Gesetz Christi erfüllen!"[7] Es reicht nicht, biblische Ermahnungen auszusprechen. Wenn Sie chronisch psychisch Kranken wirksam helfen wollen, so lernen Sie wieder neu die Bedeutung tröstender und tragender Seelsorge zu entdecken.

Rehabilitation: Förderung oder Überforderung?

Oftmals tendieren wohlmeinende Seelsorger (aber auch verhaltenstherapeutisch orientierte Sozialarbeiter und Psychologen) dazu, den Patienten und seine Angehörigen zu überfordern. Ich fragte einmal einen engagierten christlichen Arzt: „Was ist Ihr Ziel in der Betreuung schizophrener Menschen?“ Seine Antwort tat mir weh: „Daß sie so gesund werden wie ich!“

Warum tut mir das weh? Ist denn dieses Anliegen nicht berechtigt? Der Wunsch ist sicher gut, die Auswirkungen aber gehen dahin, daß man zuviel vom Patienten und somit auch von sich selbst erwartet. Die Folge ist auf lange Sicht immer Enttäuschung, beim Patienten wie beim Betreuer.

Schizophrene Patienten, die schon mehrere Schübe hinter sich haben und bei denen sich eine deutliche Leistungsminderung abzeichnet, sind auch in ihren „guten“ Zeiten wenig belastbar. Die Persönlichkeit chronisch schizophrener Patienten wird oft als „versandet“ bezeichnet. Das ist ein gutes Bild für die gefühlsmäßig verflachten, wenig belastbaren Menschen ohne große Eigeninitiative.

Mit einer engagierten Betreuung, wie sie heute in Kliniken, Wohnheimen und therapeutischen Wohngemeinschaften angeboten wird, können solche Menschen deutlich aktiviert werden. Doch muß man *die Grenze erkennen zwischen Förderung und Überforderung*. Wohl kann man die Patienten bis zu einem gewissen Grad trainieren und zu höheren Leistungen anspornen, doch stehen sie dabei oft unter einem unangenehmen Erfolgsdruck, einer Spannung, die zu neuerlichem Rückfall führen kann. Ohne ständige Kontrolle haben sie in sich selbst nicht die Kraft, das früher Gelernte wieder selbständig anzuwenden. Sie gleichen zerbröseltem Sandstein, der auch unter Druck nicht in seine frühere Form zurückzubringen ist.

Therapeuten, die diese Grenzen nicht kennen, erinnern mich an Kinder, die mit Begeisterung und Hingabe eine Sandburg bauen. Doch kaum ist ihr Werk dem Wind und den Wellen ausgeliefert, so zeigen sich die Spuren des Zerfalls – die schönen Türme, die sorgsam ausgehöhlten Tore zerfließen.

Bei unseren chronisch Kranken müssen wir uns deshalb fragen: Wo sind die Grenzen des Erreichbaren? Was ist mehr wert: ein Mensch, der mit seinen Grenzen lebt und damit zufrieden ist, oder ein chronisch überforderter Patient, der sein Niveau nur durch ständige Anstrengungen mehrerer Betreuer halten kann? Wenn Rehabilitationsversuche gezeigt haben, daß ein Patient an Grenzen stößt, so müssen wir diese annehmen und ihm helfen, das Beste daraus zu machen. Es kann nicht Aufgabe der Betreuer sein, ihn wieder zum glänzenden Bestandteil der Leistungsgesellschaft aufzupolieren. Unsere Berufung ist es nicht, eindrückliche Sandtürme zu bauen, sondern in Liebe einen Rahmen für die brüchigen Sandstrukturen des chronisch schizophrenen Menschen zu zimmern – ihn zu schützen, zu fördern und zu tragen, in vollem Wissen um seine Schwachheit.

Teil III

Die Schwachen tragen

Kapitel 12

Ganzheitliche Betreuung psychisch kranker Menschen

Welche Möglichkeiten gibt es, Menschen in einer psychischen Krise helfend zu begegnen? Gibt es eine ganzheitliche Schau der Behandlung psychisch Leidender, die Hilfe vermittelt, ohne zu resignieren, die Hoffnung weckt, ohne leere Phrasen zu dreschen? Mehr noch: lassen sich von der Bibel her Ansätze für eine umfassende Sicht einer praktischen Seelsorge am psychisch Kranken ableiten?

Perspektivisches Denken

Eines ist im Verlauf dieses Buches klar geworden: Psychische Störungen lassen sich nicht mit einfachen Modellen erfassen. Unser Wissen um Ursache und Behandlung ist, wie so vieles, Stückwerk. Die Bibel zeigt uns die Richtung, aber sie enthält nicht Antworten auf jede Detailfrage in der Psychiatrie, so wie sie auch keine Anleitung für eine Blinddarm-Operation gibt.

Die komplizierten Zusammenhänge lassen sich meist nur mit Modellen beschreiben, die nie ein vollständiges Bild zeichnen können. Die Höhenkurven auf einer Landkarte können niemals wiedergeben, was der Wanderer beim Betrachten des Matterhorns empfindet. Genauso wird auch kein noch so detailliertes Wissen über die Natur psychischer Erkrankungen und keine noch so faszinierende Theorie über ihre Heilung das persönliche Ringen des Betreuers ersetzen, der sich in die Begleitung psychisch kranker Menschen einläßt.

Aus diesem Grunde möchte ich hier nicht im einzelnen auf die großen psychotherapeutischen Schulen eingehen, die im Laufe der

Jahre entwickelt wurden. Sie alle haben Aspekte des menschlichen Daseins beschrieben, doch bleiben sie allzuoft in einer Ebene stehen. Während die einen die Aufarbeitung der Kindheit betonen, beschränken sich andere auf eine medikamentöse Therapie. Während die einen die Erfahrungen des Patienten zum Zentrum machen, plädieren andere für die systematische Veränderung der Familie als Grundlage der Heilung. Ähnliche Entwicklungen zeigten sich auch in der Seelsorge: ein breites Spannungsfeld zieht sich von Verhaltensanweisungen aufgrund biblischer Aussagen bis hin zur inneren Heilung durch geistgewirkte Erfahrungen.

Wer den Menschen nur eindimensional sieht, sei es auf der körperlichen Ebene (Anlage), in seinen sozialen Bezügen (Umwelt) oder nur in seinem Denken und Handeln (Reaktion), der wird ihm nicht gerecht. Ja ich bezweifle, ob er ihm überhaupt wirksam helfen kann. Ziel unseres Verstehenwollens muß es deshalb sein, ein *perspektivisches Denken*[1] zu entwickeln, das die verschiedensten Blickwinkel berücksichtigt und sich bemüht, den Menschen als Ganzes zu sehen.

Was ist das Ziel der Betreuung?

Was ist eigentlich das Ziel der Betreuung psychisch Kranker? Oft lautet die spontane Antwort: Daß sie gesund werden! Und in der Tat haben viele Menschen, die eine psychische Erkrankung durchmachen, eine gute Chance, daß sie völlig wiederhergestellt werden. Andere aber leiden lebenslang an ihren seelischen Grenzen. Ihnen ist mit einseitigen Schlagworten von „seelischer Gesundheit“ und „völliger Heilung“ nicht gedient.

Das Ziel muß daher neu umschrieben werden. Hilfe für psychisch Schwache besteht nicht immer in der Wiederherstellung des Zustandes vor der Erkrankung oder in der Anpassung an die Ideale unserer Leistungsgesellschaft. Es gilt, den Blick nicht einseitig auf die Krankheitssymptome oder den Krankheitsverlauf zu richten und deren Beseitigung anzustreben. Das ist gerade bei schweren Störungen der Gedankenwelt (ob es sich nun um depressive Einengung, zwanghafte Rituale oder um paranoide Wahnwelten handelt) oft nicht möglich. Das therapeutische Ziel einer effektiven Langzeit-Betreuung muß sich ausrichten auf die *Bewältigung des Daseins* in dieser Welt mit allen ihren Grenzen. Diese Haltung der Barmherzigkeit und der Realität ist zutiefst christlich und geht weit hinaus über ein resignierendes Begleiten von Kranken, denen man „nicht mehr helfen kann“.[2]

Biblische Seelsorge ist praktisch

Seelsorge bedeutet Hilfe zur Lebensbewältigung auf der Grundlage der Aussagen der Bibel. So habe ich Seelsorge im ersten Kapitel kurz definiert. Damit geht Seelsorge weit hinaus über die landläufige Vorstellung eines Gesprächs über Glaubensfragen. Seelsorge, so wie sie mir in der Bibel begegnet, fragt nicht primär nach dem *Warum*, sondern gibt Hilfe zum Verstehen des *Wozu* und zur Ausrichtung des Lebens auf ein neues *Wohin*. Ich betrachte deshalb mit Sorge Tendenzen in manchen Seelsorgekreisen, die in erster Linie vermeintliche Ursachen einer Störung zu ergründen suchen und darüber das barmherzige Mitfühlen mit dem Leiden des Kranken vernachläßigen.

Die Bibel spiegelt eine ganze Palette hilfreicher Verhaltensweisen wider, die dem Kranken, und insbesondere dem psychisch Kranken, in der Bewältigung seines Lebens helfen können. Paulus ermahnte die ersten Christen, ein breitgefächertes Programm zur Seelsorge zu entwickeln:[3]

- *ermahnt* die Unordentlichen,
- *tröstet* die Verzagten,
- *tragt* die Schwachen,
- *habt Geduld* mit jedermann.

Was bedeuten diese vier Sätze für den Umgang mit psychisch Kranken?

Erstens: Der Betreuer sollte in der Lage sein, unterschiedliche Zustände richtig einzuordnen (differenzierte Diagnose). Er sollte also fähig sein, zwischen „Unordentlichen“, „Verzagten“ und „Schwachen“ zu unterscheiden.

„Unordentliche“ Menschen sind Leute, die gesamthaft gesehen durchaus fähig sind, ihr Leben zu meistern. Aber sie leben in Sünde und verhalten sich so, daß sie Probleme bekommen müssen. Sie brauchen Ermahnung und Zurechtweisung. Unter „Verzagten“ verstehe ich diejenigen Menschen, die bedingt durch schwere Lebensumstände und innere Konflikte eine Krise durchmachen. Oft leiden sie an Niedergeschlagenheit, Minderwertigkeitsgefühlen, Hemmungen und Ängsten, die auch ihr Glaubensleben überschatten können.

Und die „Schwachen“ sind Menschen, die wegen körperlicher und psychischer Grenzen in ihrem Dasein deutlich behindert sind. Sie können beim besten Willen nicht mehr volle Leistungen erbringen, weder im Alltagsleben noch im Glaubensvollzug. In Gottes Augen aber sind sie nicht weniger wert. Sie bedürfen in besonderem Maße einer barmherzigen Beurteilung durch ihre Mitmenschen.

Zweitens: Unterschiedliche Probleme sollten mit unterschiedlichen Mitteln angegangen werden (differenzierte Therapie). Allzuoft werden Wahrheiten, die in leichten Fällen durchaus hilfreich sein können, unbesehen auf schwer psychisch Kranke angewendet, denen diese Aussagen gar nicht gelten. Wie oft tut man depressiven Menschen unrecht, indem man ihre übertriebenen Schuldgefühle zum Anlaß nimmt, sie zur Buße zu ermahnen, obwohl sie schon vielfach für jede kleinste Sünde um Vergebung gefleht haben.

Gerade evangelikale Seelsorger stehen in der Gefahr, nur die ermahnende, zurechtweisende Seelsorge zu betonen. Im Umgang mit psychisch Leidenden gilt es aber ganz neu, die *tröstenden* Aussagen der heiligen Schrift zu entdecken und bereit zu werden, die Schwachen in den praktischen Belangen des Alltags zu *tragen*.

Drittens: Die Heilung seelischer Wunden braucht Zeit. Nicht umsonst ermahnt Paulus die Christen von Thessalonich: „Habt *Geduld* mit jedermann!“ Geduld ist nicht passiv, sondern aktiv. Sie bedeutet nicht resignierendes Ergeben in die Widrigkeiten des Lebens, sondern „die dem Nächsten sich öffnende, begegnende, ihm den Raum zu gemeinsamem Leben erschließende Tat. Geduld, Langmütigkeit des Menschen in diesem Sinne ist also nicht eine Charaktereigenschaft, sondern ein Tun, ja das erste Tun der Liebe.“ [4]

Abbildung 12-1:

Ein umfassendes Modell der Hilfe

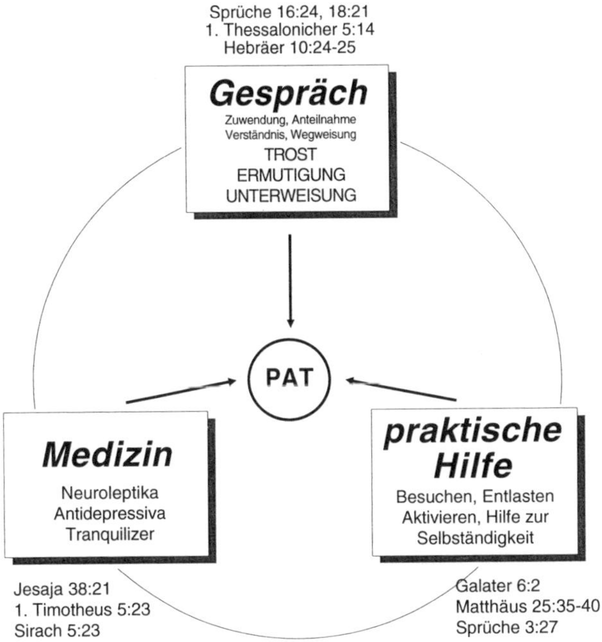

In der obigen Abbildung habe ich versucht, ein einfaches Modell einer umfassenden Hilfe für psychisch Kranke zu entwerfen. Im Mittelpunkt steht der *Patient* mit seinen inneren Nöten und äußeren Schwierigkeiten. Je nach seiner Grundproblematik braucht er ein oder mehrere Hilfsangebote, die ich in drei Gruppen zusammengefaßt habe:

1. Gespräch
2. praktische Hilfe
3. Medikamente

Die verschiedenen Zugänge *ergänzen sich gegenseitig* und führen erst in ihrem *Zusammenspiel* zu wirksamer Hilfe. Die Anwendung von Medikamenten erfordert die enge Zusammenarbeit des Betreuers mit dem Arzt. Doch gilt auch hier Gegenseitigkeit: der Arzt ist angewiesen auf die Mithilfe von Betreuern, die den Patienten zwischen den Konsultationen ermutigen, stützen und tragen.

Das helfende Gespräch

„Freundliche Reden sind wie süßer Honig, trösten die Seele und erfrischen die Gebeine“, so beschreibt die Bibel die wohltuende Wirkung des Gesprächs.[5] Sie ist voll von Hinweisen auf die therapeutische Bedeutung heilsamer Worte. „Wörter haben Macht über Leben und Tod“, schreibt Salomo. „Wer sich hingebungsvoll mit ihnen beschäftigt, kann viel durch sie erreichen.“[6]

Doch das helfende Gespräch beginnt, bevor das erste Wort über die Lippen des Helfers kommt. Es beginnt bei unserer *inneren Haltung* gegenüber dem Leidenden. Jesus ist hier das große Vorbild. Welch eine Liebe hatte er zu den Menschen, die seine Hilfe suchten! „Als er die vielen Menschen sah“, wird berichtet, „bekam er Mitleid mit ihnen, weil sie so hilflos und verängstigt waren, wie Schafe, die keinen Hirten haben.“[7] Sein Mitleid war nicht eine herablassende Almosenhaltung, sondern innerstes Mitfühlen.[8]

Er, der alles wußte, was im Herzen der Menschen war, begegnete ihnen nicht als der richtende Gott, sondern als der barmherzige „Heiland“. Jesus wußte zu unterscheiden zwischen den Starken und den Schwachen. Die Pharisäer mit ihrer überheblichen Dogmatik wies er in harten Worten zurecht, doch den Schwachen begegnete er mit Barmherzigkeit und Liebe.[9] Diese *Haltung der Barmherzigkeit* gegenüber den Schwachen, die ich in diesem Buch geschildert habe, ist die wichtigste Voraussetzung für das tröstende und tragende Gespräch mit psychisch kranken Menschen.

Dazu kommt eine weitere Vorbedingung: die *Bereitschaft zum Hören*. Zuhören heißt, sich dem andern zuwenden, ohne bereits darüber nachzudenken, was man ihm sagen will, wenn er zu reden aufhört. Jakobus ermahnt seine Leser: „Ein jeglicher Mensch sei schnell zum Hören, langsam zum Reden und langsam zum Zorn.“[10] Das anfängliche schweigende Zuhören kann im Verlauf des Gesprächs übergehen ins *aktive Zuhören*.[11] Darunter versteht man sachte, klärende Fragen, die den Ratsuchenden ermutigen, aus sich herauszugehen und sein Herz zu öffnen. Noch immer gilt es, dem inneren Drang zu vorschnellen Deutungen und Ratschlägen zu widerstehen. Es braucht viel Einfühlungsvermögen und Geduld, den rechten Ton zu treffen. Gerade psychisch schwache Menschen sind oft enorm sensibel. Der Seelsorger muß deshalb Rücksicht nehmen auf die Persönlichkeit und auf den Zustand seines Gegenübers. Er muß sich immer fragen: „Welche Worte können diese Person berühren? Wie kann ich diesem Menschen helfen, innerlich zu wachsen und das Leben besser zu bewältigen?"

Und schließlich muß der Seelsorger auch seine *Grenzen* kennen. Im Gespräch mit psychisch Kranken kann man sich nicht immer dieselben Ziele stecken wie im Gespräch mit normal aufnahmefähigen Menschen. Je schwerer das Leiden und je akuter der Zustand, desto geringer ist die Gesprächsfähigkeit eines Patienten. Diese Zusammenhänge werden in Abbildung 12-2 schematisch dargestellt.

Wie in der Beschreibung der einzelnen Krankheitsbilder deutlich wurde, sind Patienten mit schweren Depressionen und mit akuten schizophrenen Krisen kaum mehr aufnahmefähig für ihre Umwelt. Es wäre illusorisch, ihnen in dieser Zeit innerer Verwirrung und Verzweiflung biblische Wahrheiten in geordneter Form mitteilen zu wollen. Hier ist gesunder Menschenverstand ohne weltfremde Dogmatik gefordert; ein praktisches und entschlossenes Vorgehen, das sich auch vor der Zusammenarbeit mit dem Arzt und vor der Anwendung von Medikamenten nicht scheut.

Abbildung 12-2:
Gesprächsfähigkeit und Krankheitsschwere

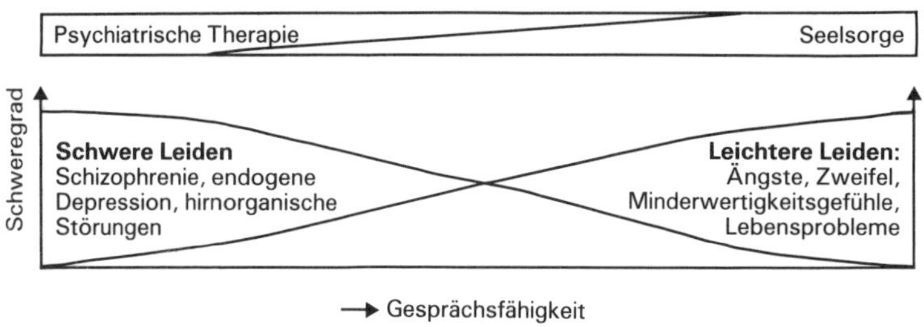

Seelsorge hört ja nicht beim gesprochenen Wort auf. Gerade der Christ ist sich bewußt, daß sein Mühen nichts ausrichten kann, wenn nicht Gott selbst am Patienten wirkt. Jesus hat seine Gespräche und seine Taten untermauert durch seine *Gebete*. In der Fürbitte tritt der Seelsorger in eine neue Phase seines Wirkens ein, auch wenn er rein äußerlich wenig für den Patienten tun kann.

Das *gemeinsame Gebet mit dem Kranken* hilft diesem oft mehr als viele Worte und Bibelzitate. Eine Patientin mit einer schweren Depression berichtete mir, wie sie mit ihrer Not zu ihrem Prediger gegangen sei. Seine Worte hätte sie kaum aufnehmen können. Doch dann habe er sie mit Öl gesalbt und zusammen mit einigen Ältesten der Gemeinde über ihr gebetet. Dieser Akt der Zuwendung und des Segnens habe ihr unendlich wohl getan und ihr neuen Mut zum Leben gegeben.

In diesem Zusammenhang wird von manchen Seelsorgern auf die *Freibetung von okkulten Mächten* hingewiesen, die bei psychischen Erkrankungen besonders wichtig sei. Sie berufen sich dabei auf Texte in den Evangelien, wo Jesus bei Menschen mit auffälligem Verhalten Dämonen ausgetrieben hat. – Die Erfahrung zeigt, daß es sehr schwierig ist, diese Stellen unbesehen auf Patienten mit einer endogenen Psychose zu übertragen. Deshalb ist äußerste Zurückhaltung in der vorschnellen Annahme einer dämonischen Verursachung von psychischen Störungen geboten.[12] Manchen Patienten mit leichteren Störungen hat die Lossprache durch einen Seelsorger vielleicht geholfen. Bei vielen anderen aber hat sie gerade das Gegenteil bewirkt: statt innerer Freiheit erlebten sie eine vermehrte psychische Belastung, statt einer Ausrichtung auf das Durchtragen Gottes kam es zu einer angstvollen Fixierung auf dämonische Mächte. Dr. Lechler, ein bekannter christlicher Nervenarzt, hat einmal treffend geschrieben: „Ich habe in zahlreichen Fällen erlebt, welch ungünstige Wirkungen auf einen seelisch kranken Menschen ausgehen können, wenn er fälschlicherweise als dämonisch gebunden bezeichnet wird. Es ist ein großes Unrecht, wenn ein unter diesem Zustand leidender Gemüts- und Geisteskranker den Vorwurf hören muß, er sei in die Gewalt des Teufels geraten. Wer ohne Kenntnis des krankhaften Seelenlebens und dämonischer Zustände sich ein solches Urteil anmaßt, der handelt höchst voreilig, ja geradezu grausam.“[13]

Praktische Hilfe

Ganzheitliche Hilfe für psychisch Kranke muß über freundliche Worte hinausgehen. Psychotherapie darf nicht im Dialog steckenbleiben. Seelsorge darf sich nicht im Gespräch erschöpfen. Als Jesus das große Weltgericht am Ende der Zeiten beschrieb, da fragte der Richter nicht nach Worten, sondern nach Taten.[14] Den Gerechten rief er zu: „Was ihr getan habt einem unter diesen meinen geringsten Brüdern, das habt ihr mir getan!"

Tätige Liebe kann dem Schwachen wieder Mut geben, sich dem Alltag zu stellen und Schritte ins Leben hinaus zu wagen. Diese praktische Hilfe möchte ich in drei Kategorien einteilen. Im Grunde stellen sie sich bei psychischen Behinderungen nicht anders als bei einem gebrochenen Bein:

1. Stützen
2. Aktivieren
3. Rehabilitieren

1. Stützen: Bei einem Beinbruch verlangt man vom Kranken nicht gleich, herumzulaufen. Er erhält einen Gips, der die gebrochenen Knochen stützt und ruhigstellt, damit ihre Heilung gefördert wird. So gibt es auch beim psychisch Kranken Zeiten, wo er sich durch jede Anstrengung überfordert fühlt und noch stärker in seiner Leidenswelt versinkt. *Stützen* heißt also, den Kranken zu entlasten, ihm Aufgaben abzunehmen und auch einfache Dinge für ihn zu tun. Einer depressiven Frau könnte man beispielsweise im Haushalt helfen oder zeitweise die Kinder betreuen. Gerade diese „einfachen" Aufgaben können weder der Arzt noch das Pflegepersonal übernehmen – sie sind dabei auf die Hilfe von Angehörigen und Freunden ihrer Patienten angewiesen.

2. Aktivieren: Wenn das Eis einer Depression allmählich schmilzt oder der Feuersturm einer schizophrenen Krise verglüht, so keimen zaghaft neue Lebenstriebe. Nun gilt es, die Kraftquellen, die „Ressourcen" des Patienten kennenzulernen. Darunter verstehen wir seine gesunden Anteile, seine Neigungen und Begabungen, aber auch Wohn- und Arbeitsmöglichkeiten, die ihm den Wiedereinstieg ins Leben erleichtern können. Diese Ressourcen werden im Rahmen der Pflegeplanung[15] erfaßt, und sollten auch außerhalb der Klinik von den Betreuern beachtet werden.

Vielleicht ist ein Gespräch mit dem Arbeitgeber nötig, oder man kennt eine Familie auf dem Land, die bereit ist, den Kranken bei sich aufzunehmen. In jedem Fall ist es gut, wenn jemand die *Koordination* dieser Bemühungen übernimmt und diese im Gespräch mit dem Betroffenen und seinen Angehörigen plant und durchführt. Es gilt, den Kranken zu *fördern, ohne ihn zu überfordern.* Wenn man zuviel auf einmal von einem Patienten verlangt, kann dies zu großen inneren Spannungen führen, die sein ohnehin empfindliches Gleichgewicht neuerlich stören und einen Rückfall auslösen können.

3. Rehabilitieren: In der Psychiatrie versteht man darunter die Wiedereingliederung und Wiederanpassung an das Berufs- und Privatleben nach einer Erkrankung.[16] Leider bedeutet Rehabilitation nur bei einem Teil der Kranken die völlige Wiederherstellung des Zustands vor der Krise. Oft gilt es, dem Patienten zu einem möglichst erfüllten Leben im Rahmen seiner Behinderungen zu verhelfen. Diese Aufgabe wird heute von der Sozialpsychiatrie wahrgenommen, die in allen größeren Städten Beratungsstellen unterhält. In Zusammenarbeit mit den Wohlfahrtsverbänden (in Deutschland) und der Invalidenversicherung (in der Schweiz) wurden in den vergangenen Jahren viele Einrichtungen – insbesondere Wohnheime und geschützte Werkstätten – geschaffen, die den Wiedereinstieg für psychisch Behinderte erleichtern sollen. Auf christlicher Basis haben sich verschiedene therapeutische Wohngemeinschaften zur ACL, der „Arbeitsgemeinschaft christlicher Lebenshilfen“, zusammengeschlossen, die aus einer christlichen Grundhaltung heraus Menschen mit Problemen helfen wollen.[17]

Die Angehörigen nicht vergessen

In den Bemühungen um den Patienten werden oft die Angehörigen vernachläßigt. Der Psychiater sieht den Kranken nur in der Sprechstunde; die Eltern, Geschwister und Ehepartner aber müssen 24 Stunden am Tag mit ihnen leben. Sie leiden enorm unter dem veränderten und uneinfühlbaren Verhalten ihrer Lieben, erhalten aber vielfach wenig Verständnis für ihre Anliegen. Mit ihren Gefühlen des Versagens, der Schuld und der Hilflosigkeit sind sie oft ganz allein.

Der Ausbruch einer Schizophrenie ist für die Angehörigen wie das Hereinbrechen einer völlig fremden Welt, in der sie ohne Landkarte ausgesetzt werden. Es ist deshalb Aufgabe der Klinikmitarbeiter, der Hausärzte und auch der Seelsorger, die Nöte der Angehörigen ernst zu nehmen und ihnen Wegweisung für ihre schwierige Aufgabe zu geben.

In den vergangenen Jahren hat man zunehmend die Bedeutung der Angehörigen in der Betreuung psychisch Kranker erkannt.[18] In Angehörigengruppen können sie mehr über die Erkrankungen lernen und mit andern über ihre Erlebnisse und Erfahrungen austauschen. In der Tat wissen die Angehörigen oft mehr über die praktischen Probleme ihrer Kranken als die Ärzte.

Der Umgangsstil („expressed emotions") der Angehörigen mit ihren Kranken kann viel zur Verminderung von Spannungen und zur Verhinderung von Rückfällen beitragen.[19] Wenn sie unterstützt und ermutigt werden, fällt es ihnen leichter, dem Kranken mit der nötigen Einfühlung zu begegnen und ihm auch in Krisenzeiten beizustehen.

Hilfe durch Medikamente

Wohl am umstrittensten ist unter Laien die Anwendung von Medikamenten bei psychischen Erkrankungen. Allzuoft wird die Einnahme von Psychopharmaka über längere Zeit von wohlmeinenden Helfern mit Sucht und „Chemie-Abhängigkeit", mit Dämpfung und Persönlichkeitsveränderung gleichgesetzt. In ihrer Verunsicherung lassen dann manche Kranke ihre Medikamente weg, worauf es häufig zu einer Verschlechterung ihres Zustandes kommt.

Ich denke an eine junge Frau, die bereits mehrmals wegen schizophrener Krisen in der Klinik war. Unter regelmäßiger Medikamenteneinnahme hatte sie eine erfreuliche Entwicklung genommen. Sie erlernte einen Beruf, machte den Führerschein, nahm eine eigene Wohnung und begann zu arbeiten. Sie besuchte eine Jugendgruppe und nahm aktiv am Leben ihrer Gemeinde teil. Mehrere Jahre lang brauchte sie keinen Klinik-Aufenthalt mehr. Einige leichtere Krisen konnten durch ermutigende Gespräche und die Anpassung der Medikamentendosis überwunden werden.

Doch dann versuchte sie, „im Glauben zu leben", und sagte sich von den Medikamenten los. Über einige Monate ging es noch gut. Doch dann wurde sie zunehmend unsicher, sensibel und angetrieben. Sie verlor ihre Stelle, wurde verwirrt und mußte schließlich wieder in die Klinik eingewiesen werden. Die strahlende Christin, die ich in den Sprechstunden kennengelernt hatte, bot ein Bild des Jammers. Sie hatte gehofft, ohne Medikamente „frei" zu sein, doch nun war sie wieder beherrscht von ihren wirren Gedanken und wehrlos ausgeliefert an ihre wahnhaften Ängste.

Solche Vorfälle machen mich traurig und erfüllen mich manchmal mit Unmut. Denn diejenigen, die von den Medikamenten abgeraten hatten, sind dann meist nicht da, wenn es darum geht, eine neue Arbeitsstelle für die Patienten zu finden, ihre Schulden zu bezahlen und für sie zu sorgen, bis sie sich vom Rückfall erholt haben.

Ich möchte einmal mehr daran erinnern, daß erst die Einführung der Psychopharmaka die zunehmende Öffnung der Psychiatrie ermöglicht und vielen Krankheitsbildern in der Psychiatrie ihren Schrecken genommen haben. Drei Gruppen von Medikamenten stehen dem Arzt in der Behandlung psychischer Krankheiten zur Verfügung:

1. Die *Neuroleptika* kommen in erster Linie bei Psychosen zur Anwendung.
2. Die *Antidepressiva* haben sich in der Behandlung von Depressionen bewährt.
3. Die *Tranquilizer* (oder *Benzodiazepine*) wirken beruhigend, entspannend, angstlösend und je nachdem auch schlafanstoßend.

Nähere Angaben über diese Medikamente und ihre Wirkungen finden sich in der Beschreibung der einzelnen Krankheitsbilder und in einschlägigen Fachbüchern.[20] Während manche Mittel nur vorübergehend zur Bewältigung von Krisen eingesetzt werden, müssen andere, insbesondere die Neuroleptika, oft über Jahre verabreicht werden, um einem Rückfall bei Schizophreniekranken vorzubeugen.

Ergänzung für die Seelsorge

Medikamente gehören heute bei psychischen Störungen neben Gesprächen und praktischen Hilfen als dritte Säule zu einem ganzheitlichen Behandlungskonzept, das auch ein Christ dankbar anwenden darf. Medikamente können eine wertvolle *Ergänzung für die Seelsorge* sein. Oft sind es erst die Medikamente, die den Zustand eines Patienten soweit verbessern, daß eine seelsorgliche Betreuung möglich wird.

Das Wissen um die Biochemie des (von Gott geschaffenen) Gehirns läßt uns viele Vorgänge besser verstehen. Für mich besteht kein Unterschied zwischen der lebenslangen Injektion von Insulin und der langfristigen Verabreichung von Mitteln zur Behandlung der Psychosen. Während bei der Zuckerkrankheit eine Stoffwechselstörung der Bauchspeicheldrüse behandelt wird, kommt es im andern Fall zur Verbesserung des Stoffwechsels im Gehirn.

Doch sollen die *Schwierigkeiten mit den Psychopharmaka* nicht verschwiegen werden. Vieles in ihrer Wirkungsweise ist noch unklar. Manche Zustände lassen sich bis heute nicht beeinflussen. Nicht alle Mittel sind gleich wirksam und gleich notwendig. Und leider gibt es immer wieder Patienten, die unter störenden Nebenwirkungen leiden. Schließlich darf auch die Gefahr der Abhängigkeit, insbesondere von Schlaf- und Entspannungspillen, nicht verharmlost werden.

Dennoch sollte ein Seelsorger dem Ratsuchenden in keinem Fall zum Absetzen seiner Medikamente raten, ohne mit dem Arzt Rücksprache zu nehmen. Nur er kann aufgrund seiner Ausbildung und Erfahrung abschätzen, wo ein Mittel angezeigt oder wo eine Veränderung möglich ist.

Möglichkeiten zur Vorbeugung

Behandeln ist gut, vorbeugen ist besser! Dieser Satz gilt in besonderem Maße für psychische Probleme. So wollen wir uns am Schluß dieses Kapitels fragen, welche Möglichkeiten die christlichen Kirchen und Gemeinden haben, um psychischen Störungen vorzubeugen. Oftmals wird das Potential einer lebendigen christlichen Gemeinschaft unterschätzt. Viele Pfarrer, Prediger und Mitarbeiter merken gar nicht, welch wichtigen Beitrag ihre Arbeit und ihre

Verkündigung zur Vorbeugung von seelischen Problemen erbringt.

In einem Fachartikel zeigten zwei amerikanische Psychologie-Professoren auf, welche Bedeutung die christliche Gemeinde im Rahmen sozial-psychiatrischer Bemühungen hat.[21] Dabei unterschieden sie drei Formen der Vorbeugung:

1. *Primäre Vorbeugung*: Sie erfüllt Bedürfnisse und bietet Hilfen, die das Auftreten von psychischen Störungen verhindern. Verschiedene psychologische Studien zeigten, daß zwei Faktoren dazu beitragen: a) die Erkennung von Sinn und Zweck des Lebens und b) soziale Kontakte und tragfähige Familienbeziehungen, die einem Menschen stützend zur Seite stehen, wenn er durch schwierige Lebensumstände geht. Beide Bedürfnisse können durch ein gelebtes Christsein in idealer Weise erfüllt werden.

2. *Sekundäre Vorbeugung*: Sie umschreibt die frühzeitige Erkennung und Behandlung sich anbahnender psychischer Probleme. Dadurch wird die Schwere und die Dauer der Störung vermindert und eventuell der Aufenthalt in einer psychiatrischen Klinik unnötig gemacht. In diesem Stadium mag ein Gemeindeglied wohl einen Arzt konsultieren und vielleicht auch Psychopharmaka brauchen; es wird aber vor allem durch die einfühlsame Betreuung durch Freunde und Helfer in der Gemeinde gestützt.

3. *Tertiäre Vorbeugung*: Diese setzt nach einem Nervenzusammenbruch oder nach dem Aufenthalt in einer Klinik ein und hilft dem Kranken, den Weg zurück ins Alltagsleben zu finden. Die unvoreingenommene Aufnahme durch die Menschen in Hauskreis und Gemeinde ist dabei von großer Bedeutung. Sie läßt die Person Liebe und Annahme erleben trotz ihres vergangenen Versagens und ihrer gegenwärtigen Grenzen.

Ich kann mir keine bessere Grundlage für eine umfassende Behandlung und Vorbeugung psychischer Störungen vorstellen als die Kraft und die Motivation, die aus dem christlichen Glauben kommt. Wenn Christen bereit sind, sich auf diesem Gebiet ausbilden zu lassen; wenn sie lernen, ihre leidenden Mitmenschen mit den Augen der Barmherzigkeit und der tätigen Liebe zu sehen, dann können sie einen unschätzbaren Beitrag zu einer ganzheitlichen Behandlung psychisch Kranker leisten.

Kapitel 13

Mit Grenzen leben

In unserer Zeit sind einfache und schnelle Lösungen gesucht. Sofortige und völlige Heilung – das ist es, wonach sich der Mensch des 20. Jahrhunderts sehnt. Die moderne Medizin macht's offenbar möglich: raschwirkende Medikamente, wagemutige Operationen und elektronische Hilfsgeräte haben Tod und Leiden bei körperlichen Krankheiten zum Rückzug gedrängt. Mehr noch: wenn die Medizin versagt, so bieten Heilpraktiker und Geistheiler ihre Hilfe an und versprechen ein Wunder.

Selbst christliche Kreise sind angesteckt vom Machbarkeitswahn unserer Zeit, in der nur Heilung als Zeichen echten Glaubens gilt, nur Wunder das Wirken Gottes widerspiegeln. Denn Schlagzeilen machen die spektakulären Erfolge, nicht das geduldig getragene Leiden in den Chronisch-Krankenheimen und auf den Langzeit-Stationen psychiatrischer Kliniken. Die Triumphe der somatischen Medizin und die vollmundigen Verheißungen von Heilern aller Art lassen häufig vergessen, daß es immer noch Leiden gibt, die einen langwierigen Verlauf ohne dramatische Besserungen nehmen.

Fünf Phasen der Trauer

Glücklicherweise handelt es sich bei vielen psychischen Störungen um eine vorübergehende Krise im Leben eines Menschen, die im Laufe der Zeit ausheilt und nur noch als ferne, dunkle Erinnerung zurückbleibt. Doch in manchen Fällen stellt die psychische Veränderung die Weichen in ein anderes, von der Behinderung geprägtes Leben. Das ist schwer zu tragen. Es ist, als müßte man Abschied nehmen von dem Menschen, den man einst gekannt hat. Es braucht

Zeit, ein Ja zu finden zu einem Leben mit Grenzen. Kaum jemand ist in der Lage, ein solches Schicksal von heute auf morgen „vernünftig" und „reif" anzunehmen. Häufig lassen sich fünf Phasen der Reaktion der Patienten und ihrer Angehörigen auf das Hereinbrechen einer chronischen psychischen Behinderung unterscheiden:

1. Nicht-wahr-haben-Wollen und Verbergen
2. Ursachensuche und Schuldzuweisung bzw. Selbstbeschuldigung
3. Verzweifelte Bemühungen um Hilfe und Heilung
4. Verunsicherung und Resignation
5. Annahme und Neugestaltung der Beziehung

Wer diesen Trauerprozeß kennt, dem wird es leichter fallen, mit dem Kranken und seinen Angehörigen zu arbeiten, ohne ihnen Vorwürfe für ihre schwer verständlichen Reaktionen zu machen. Die einzelnen Stufen sollen deshalb kurz erläutert werden.

1. Nicht-wahr-haben-Wollen und Verbergen: Den meisten Menschen fällt es am Anfang schwer, eine psychische Krankheit bei sich selbst und bei ihren Angehörigen anzunehmen. Sie können und wollen es nicht glauben. Oft versuchen sie die Probleme krampfhaft vor Freunden und Nachbarn zu verbergen. Dabei schwingt eine eigentümliche Scham mit, die die Existenz eines psychisch kranken Angehörigen zum Geheimnis werden läßt, das man nur ungern preisgibt. Doch das macht die inneren Spannungen nur noch schlimmer.

2. Ursachensuche und Schuldzuweisung bzw. Selbstbeschuldigung: Die Sprachlosigkeit des ersten Schocks wird abgelöst durch das Nachgrübeln über die Ursachen der Erkrankung. Während die einen die Schuld nach außen weitergeben (von der „lieblosen Mutter" bis hin zur „okkulten Belastung"), suchen die andern die Schuld bei sich selbst. Wie viele Eltern zermartern sich mit der Frage, was sie bei ihrem Kind falsch gemacht hätten. Vorwürfe werden auch an die Klinik und die Betreuer gerichtet, besonders, wenn es nicht so rasch wie erwartet zur Besserung kommt. Dieses schwierige Verhalten ist besser zu ertragen, wenn man es als Ausdruck der Verzweiflung der Angehörigen betrachtet, die selbst an den Rand ihrer Kräfte geraten.

3. Verzweifelte Bemühungen um Hilfe und Heilung: Der psychischen Veränderung ihrer Lieben untätig zuzusehen, ist für viele schier unerträglich. Von Freunden, Nachbarn und Mitchristen erhalten sie tausend Ratschläge, wie man dem Kranken helfen könne. Dabei entsteht manchmal ein ungutes Tauziehen zwischen verschiedenen Helfern, das dem Kranken mehr schadet als nützt.

4. *Verunsicherung und Resignation:* Mit der Zeit machen sich angesichts der Vergeblichkeit aller Bemühungen Rat- und Hoffnungslosigkeit breit. Nicht immer bringen die Gespräche mit Ärzten und Sozialarbeitern, aber auch mit Seelsorgern und Laienhelfern, Erleichterung. Eine Mutter klagte: „Was kann ich überhaupt noch für meinen Sohn tun? Wie ich es auch mache, immer ist es falsch."

5. *Annahme und Neugestaltung der Beziehung:* Es dauert oft Monate und Jahre, bis die Betroffenen die neuen Grenzen annehmen können; bis die Angehörigen ihre Vorwürfe und Selbstvorwürfe ablegen, den Kranken in seiner Schwachheit annehmen und mit ihm leben lernen.

Kann der Glaube tragen?

Diese Phasen der Trauer sind auch bei überzeugten Christen zu beobachten. Es ist nur natürlich, daß auch Christen als schwache Menschen unter einer plötzlich auferlegten Last zusammenzubrechen drohen, wie das Paulus einmal so eindrücklich geschildert hat: „Die Last, die ich zu tragen hatte, war so groß, daß es über meine Kraft ging. Ich hatte keine Hoffnung mehr..." Doch hier hört sein Bericht nicht auf. Er fährt fort: „Aber das geschah, damit ich nicht auf mich selbst vertraue, sondern mich allein auf Gott verlasse..."[1]

Die Bibel leugnet nicht die Wirklichkeit des Leidens, doch bleibt sie auch nicht beim stoischen Ertragen des Unabwendbaren stehen – sie weist auf den Trost und die Kraft im Leiden hin, das in Gott seinen letzten Sinn erhält. *Der Glaube kann tragen.* Diese Erfahrung wird nicht nur aus den Berichten der Bibel bezeugt; sie wiederholt sich täglich neu bei den Menschen, die ihre Hilfe bei Gott suchen.

Ich bin immer wieder berührt von Gesprächen mit Angehörigen meiner chronischkranken Patienten. Ich erinnere mich noch lebhaft an die betagten Eltern eines psychisch behinderten Mannes, der in seinen Ängsten und Zwängen Tag und Nacht ihre Fürsorge beanspruchte. Sie waren oft am Rande ihrer Kräfte, und doch erschienen sie immer so zuversichtlich. Ich fragte sie danach, was ihnen Kraft zum Tragen gebe. Ihre Antwort: „Unsere Freunde, die Betreuung durch die Ärzte und am allermeisten das tägliche Gebet, in dem wir unsere Sorgen bei Gott abladen können. Wenn wir Gott nicht hätten, wüßten wir nicht, wo wir uns hinwenden sollten."

Glaubensheilung

Während die einen Gottes Kraft für die Bewältigung des Alltags in Anspruch nehmen können, suchen viele Christen mehr: sie erwarten ein *Wunder* von Gott – nicht bloßes Durchtragen, sondern die vollständige *Heilung* des Kranken durch den Glauben. Was ihnen Kraft zum Tragen gibt, ist die Hoffnung auf Gottes übernatürliches Eingreifen.

Ärzte und Laien, Psychiater und Seelsorger haben eine unterschiedliche Vorstellung von dem, was sie als Wunder bezeichnen würden.[2] Der Mediziner neigt nach strengem wissenschaftlichem Denken dazu, nur dann ein Wunder anzunehmen, wenn es gegen jede Erfahrung zu einer vollständigen Heilung beim Kranken kommt.

Diese Vorstellung des Wunders wird auch in vielen christlichen Kreisen übernommen. Dabei stellt sich die Frage: Wirkt Gott nur dann, wenn ein Mensch wieder völlig leistungsfähig und fröhlich ist wie zuvor? Besteht ein Wunder nur darin, daß alle Anzeichen von Krankheit und Krise verschwunden sind? Diese Haltung birgt in sich die Gefahr, Gott in ein Schema zu pressen, das trotz aller christlichen Rhetorik näher beim weltlichen Erfolgsdenken liegt als bei dem, was die Bibel über Gottes Absicht mit dem schwachen, leidenden Menschen aussagt.[3]

Dabei kann nicht geleugnet werden, daß es auch heute noch zu wunderbaren Heilungen kommt; zu Krankheitsverläufen, die nach menschlichem Ermessen nicht mehr zu erwarten waren.[4] Häufig finden sie aber nicht als dramatische Veränderung im Rampenlicht eines Segnungs-Gottesdienstes statt. Auch in unserer Zeit begegnet Gott – wie damals dem entmutigten Elia[5] – den Menschen weniger im lautstarken Sturm von Großveranstaltungen als vielmehr im sanften Windeshauch einer allmählichen Heilung in der Stille.

Bei vielen Menschen, die mir von Wundern in ihrem Leben berichteten, fand ich denn auch ein breiteres Bild des Wunders, das sich mit dem strengen medizinischen Begriff nicht deckt. So neige ich heute dazu, eine vollständige Wiederherstellung als die höchste Stufe des Wunders zu betrachten. Aber Gottes Wirken ist mannigfaltig. Seine Wunder ereignen sich tagtäglich in einem breiten Feld zwischen den Extremen von alles oder nichts.

Ein Wunder ist ein sehr persönliches Erleben eines Menschen oder einer Gruppe, die sich vielleicht zum Gebet für einen Kranken versammelt. Für sie ereignet sich eine Glaubensheilung schon dann, wenn sie als Antwort auf ihre Gebete Gottes Eingreifen in einer notvollen Situation erfahren, selbst wenn die Veränderung nicht von Dauer ist. Ich denke da an ein junges Mädchen, das unter schwersten Depressionen litt und nach monatelangem Klinikaufenthalt ohne nennenswerte Besserung von den Eltern nach Hause genommen wurde. Ihre geistigen Fähigkeiten hatten so abgenommen, daß sie kaum mehr als eine Stunde aneinander eine einfache Beschäftigung ausführen konnte. Doch allmählich kam es zu einer Aufhellung in ihrem Zustand, ja, sie wurde sogar fähig, eine Anlehre zu machen und in einer geschützten Werkstätte eine Ganztagsarbeit zu übernehmen. Jetzt strahlte sie wieder. Ihr Leben hatte – in neuen Grenzen – einen Sinn gefunden. Sie schien nicht mehr der gleiche Mensch zu sein, den ich damals in der Klinik kennengelernt hatte. „Herr Doktor“, sagten mir die Eltern, „an unserer Tochter ist ein Wunder geschehen. Die Ärzte hatten uns keine Hoffnung gemacht, daß es je wieder besser würde, und nun geht es ihr so gut!“ Und ich mußte ihnen recht geben, auch wenn ich – streng medizinisch – solche Verläufe kannte und ein Jahr später die Tochter während eines weiteren Schubes wieder zu behandeln hatte.

Oft verändert Gott nicht nur den Gesundheitszustand des Betroffenen, sondern seine innere Einstellung zum Leben und zur Krankheit. Er geht geduldig mit dem Kranken und seinen Angehörigen und Freunden auf dem Weg des Trauerprozeßes von der Auflehnung gegen die Krankheit bis hin zur Neugestaltung des Lebens. Und das allein schon ist ein Geschenk, ja ein Wunder von Gott.

Die Grenzen des Machbaren

Was aber geschieht, wenn keine markante Besserung eintritt; wenn sich kein großes Wunder ereignet? Gibt es auch dann noch Antworten auf die Fragen des psychisch Schwachen und seiner Angehörigen? Haben Ärzte und Seelsorger auch in dieser schwierigen Situation Hoffnung und Hilfe anzubieten?

Das Ziel vollkommener psychischer Gesundheit wird oft zum Hindernis für eine effektive Betreuung über lange Zeit hinweg. Nicht wenige Helfer – Psychotherapeuten wie seelsorglich engagierte Christen – sind an der Klippe chronischer Krankheiten zerbrochen. Wo das Ziel zu hoch gesteckt wird, da sind Mißerfolge vorprogrammiert und für Seelsorger und Therapeuten nur schwer zu verkraften. Die einen fühlen sich als Versager, die andern geben dem Kranken und seiner Umwelt die Schuld. Doch damit ist niemandem gedient.

In ihrer Hilflosigkeit klammern sie sich an die verschiedensten Theorien und magische Vorstellungen über die Ursachen psychischer Erkrankungen. Häufig hört man dann Sätze, die in vielfältigen Schattierungen immer wieder dasselbe Wortpaar enthalten: „Wenn nur... dann!" *Wenn* er *nur* seine Diät richtig einnehmen würde; *wenn* er *nur* endlich einmal seine innersten Verletzungen herausschreien könnte; *wenn* er *nur* richtig glauben würde; *dann* könnte er geheilt werden. Alle diese Wege mögen ihre Bedeutung haben, aber die übermäßige Anwendung beim psychisch leidenden und schwachen Menschen bringt nichts als lähmende Enttäuschung.

Erst wenn Betreuer und Patienten die Wirklichkeit der menschlichen Schwachheit und die Grenzen des Machbaren anzunehmen lernen; wenn sie die Spannungen der Unvollkommenheit und des letztlich Unerklärlichen in diesem Leben aushalten lernen; erst dann ist wirksame Langzeit-Hilfe möglich.[6]

Das Warum des Leidens ist noch immer eine der schwierigsten Fragen der Menschheit. Auch dem Christen ist auf dieser Erde kein problemfreies Leben versprochen. Er lebt in einer Welt, wo er immer wieder schmerzlich an Grenzen stößt. Er wird von „Trübsal" heimgesucht, erlebt „Anfechtungen" und hat „Lasten" zu tragen. Auch die beste Therapie und die biblischste Seelsorge können sich diesen Grenzen nicht entziehen. Veränderung und Heilung läßt sich nicht „machen". Ich möchte vier wichtige Ursachen aufzeigen, die diese Grenzen begründen:

1. *Die Natur der gefallenen Schöpfung*: Schmerz, Angst und Leid gehören zu unserem irdischen Leben. Eindrücklich beschreibt Paulus das ängstliche Leiden der Kreatur, ihre Vergänglichkeit und ihre Sehnsucht nach der Erlösung in einer neuen Welt.[7] Auch eine biblische Seelsorge muß mit dieser Tatsache rechnen und sie miteinbeziehen in eine umfassende Beratung.[8]

2. *Die Natur der psychischen Krankheiten*: Das Gehirn (und damit auch die Psyche) ist wie die übrigen Organe des Körpers der Vergänglichkeit und der Schwachheit unterworfen, von der auch Christen ohne eigene Schuld betroffen werden. Deshalb gilt es, Patienten mit schweren Störungen nach erfolgter Abklärung in Liebe anzunehmen, zu begleiten und zu tragen.

3. *Die Natur des gefallenen Menschen*: Auch wenn ein Mensch psychisch gesund ist, so ist er zu einer Veränderung seines Lebensstils nur begrenzt bereit. Er hat von Gott als höchstes Geschenk die Freiheit des Willens erhalten. Deshalb nützen auch beim gesprächsfähigen Patienten die besten Ratschläge nichts, wenn er sie nicht umsetzen will.

4. *Unser begrenztes Wissen*, nicht nur in der Psychiatrie, sondern auch in bezug auf die Bedeutung biblischer Seelsorge. Das Dilemma sich widersprechender Erklärungen für Ursache und Heilung psychischer Probleme macht vor den christlichen Therapeuten nicht halt und erfordert Vorsicht, Demut und ein weites Herz beim Aufstellen von neuen Theorien.

Schwachheit: Gottes Kraft in zerbrechlichen Gefäßen

Ich kann gut verstehen, wenn diese Aussagen im Leser Gefühle der Hilflosigkeit, der Entmutigung, vielleicht sogar der Wut wecken. Denn mit der Feststellung dieser Grenzen wird die Lebensphilosophie vieler Christen in Frage gestellt. Mit Recht werden mir manche Leser entgegenhalten: „Was nützt denn der Glaube überhaupt, wenn er das Leiden nicht beseitigen kann? Was bringt die Erlösung, wenn sie nicht von Depression und seelischer Behinderung befreien kann?"

Doch gerade hier muß eben das *Umdenken* einsetzen. Erst wenn die auf diesseitiges Lebensglück ausgerichtete Grundhaltung zerbricht, kann eine neue, vom Glauben an Gott her inspirierte Betrachtung des Lebens wachsen. Die Bibel zeigt uns nicht nur die Grenzen unseres Daseins, sie zeigt uns auch den *tiefen Wert des Menschen in seiner Schwachheit.*

Gottes Kraft in der Schwachheit und Not dieser Welt – das ist das durchgehende Thema des Evangeliums. Schon die Propheten beschrieben den kommenden Messias in einer Weise, die nicht in die herrschende Welt von Schönheit und Erfolg, Reichtum und Macht paßte. Christus vereint beides in sich: Gottessohn und Menschensohn; die strahlende Herrlichkeit des Himmels und die muffige Enge des Stalls von Bethlehem; die absolute Macht des Weltenrichters und die Barmherzigkeit des versöhnenden Hohepriesters[9]; er ist der heilige Gott und ein „Freund der Sünder“[10]. Er wohnt „in der Höhe und im Heiligtum“, aber auch „bei denen, die zerschlagenen und demütigen Geistes sind, auf daß ich erquicke den Geist der Gedemütigten und das Herz der Zerschlagenen“[11]. Er treibt die Händler mit Schlägen aus dem Tempel, aber „das geknickte Rohr wird er nicht zerbrechen, und den glimmenden Docht wird er nicht auslöschen“[12].

Die Bibel vertritt ein radikal anderes Menschenbild, als es uns die gängigen Maßstäbe dieser Welt vor Augen halten. Jesus steht auf der Seite der Schwachen. Gott offenbart sich oftmals nicht im Starken, sondern wirkt durch den, der sich seiner Schwachheit bewußt ist.[13] Der *schwache Mensch* erhält seinen Wert nicht in erster Linie von seinen Leistungen, sondern im Glauben aus Gottes Gnade.

In seinem zweiten Brief an die Korinther gebraucht Paulus ein wunderschönes Bild für diesen Sachverhalt: Er beschreibt den schwachen Menschen als ein *zerbrechliches Gefäß*, in dem Gott seinen „kostbaren Schatz“ aufbewahrt, „denn so wird jeder erkennen, daß die außerordentliche Kraft, die in uns wirkt, von Gott kommt und nicht von uns selbst“[14]. Und er fährt fort:

„Denn obwohl uns die Schwierigkeiten von allen Seiten bedrängen, lassen wir uns nicht von ihnen überwältigen. Wir sind oft ratlos, aber nie verzweifelt. Von Menschen werden wir verfolgt, aber bei Gott finden wir Zuflucht. Wir werden zu Boden geschlagen, aber wir kommen dabei nicht um.

Darum verliere ich nicht den Mut. Die Lebenskräfte, die ich von Natur habe, werden aufgerieben; aber das Leben, das Gott mir schenkt, erneuert sich jeden Tag. Die Leiden, die ich jetzt ertragen muß, wiegen nicht schwer und gehen vorüber. Sie werden mir eine Herrlichkeit bringen, die alle Vorstellungen übersteigt und kein Ende hat. Ich baue nicht auf das, was man sieht, sondern auf das, was jetzt noch keiner sehen kann. Denn was wir jetzt sehen, besteht nur eine gewisse Zeit. Das Unsichtbare aber besteht ewig."[15]

Hier begegnet uns echte Lebensbewältigung und wahre Hoffnung, die weit hinausreicht über die einseitige Sehnsucht nach äußerer Heilung. Christen, die Gottes Wort ernst nehmen, werden nicht die Hände resignierend in den Schoß legen. Sie erhalten vielmehr Kraft aus einer neuen Quelle. Heilung geht für sie weit hinaus über äußerliche Änderungen. Ihre Hoffnung bleibt, selbst wenn die natürlichen Lebenskräfte aufgerieben werden. Wenn Ärzte, Seelsorger und Mitmenschen den psychisch Kranken aus dieser Perspektive sehen, dann wird seine Schwachheit zur praktischen Aufgabe, so wie sie im vorherigen Kapitel geschildert wurde. Sie sind Mitarbeiter in der Unterstützung des von Gott selbst gewirkten Prozesses, der Tag für Tag die Kräfte des Schwachen erneuert, auch wenn er mit Grenzen leben muß.

Die äußeren Grenzen eröffnen oft eine neue innere Freiheit. Wo die Rebellion gegen die Behinderung aufhört, können sich die Kräfte zum inneren Wachstum sammeln. Viktor Frankl beobachtete in seinem Buch „Ärztliche Seelsorge": „Das Leben erweist sich grundsätzlich auch dann noch als sinnvoll, wenn es weder schöpferisch fruchtbar noch reich an Erleben ist. Es gibt... Werte, deren Verwirklichung eben darin gelegen ist, wie der Mensch zu einer Einschränkung seines Lebens sich einstellt. Eben in seinem Sich-Verhalten zu dieser Einengung seiner Möglichkeiten eröffnet sich ein neues, eigenes Reich von Werten, die sicherlich sogar zu den höchsten gehören."[16]

Eine neue Sicht der Hoffnung

Gibt es noch Hoffnung? Wie oft wird der Arzt von Patienten und ihren Angehörigen mit dieser Frage bestürmt. Häufig stelle ich dann zuerst einmal eine Gegenfrage: „Was bedeutet Hoffnung für Sie?" – Ist es Hoffnung auf Heilung durch die Psychiatrie? Hoffnung auf eine Heilung durch das Eingreifen Gottes? Oder wenigstens Hoffnung auf eine Besserung des Zustandes?

Oftmals haben wir nämlich nicht die gleiche Sprache. Und darum redet man allzu häufig von einem „hoffnungslosen Fall", nur weil er nicht in unser Schema der Hoffnung auf völlige Wiederherstellung paßt. *Aber vor Gott gibt es keinen hoffnungslosen Fall.* Nicht immer kann der Glaube volle psychische Gesundheit vermitteln, aber er kann Kraft und Trost inmitten von Schwachheit, Angst und Verzagtheit geben. Die Bibel zeigt eine Hoffnung auf, die über die Hilflosigkeit des irdischen Daseins hinaus den Menschen Mut gibt, das schier Untragbare täglich neu zu tragen. Dort, wo Arzt und Seelsorger, Pflegepersonal und Laienhelfer an die Grenzen äußerlicher Veränderbarkeit stoßen, dort tun sich aus Gottes Sicht neue Türen auf.

Ich werde oft gefragt: Was gibt Ihnen als Psychiater und Christ Hoffnung für ihre Patienten? Meine Antwort möchte ich in zwei Hauptgruppen einteilen, nämlich die ärztlich-menschliche Perspektive (1.–5.) und die biblische Sicht (6.–10.).

1. Ich habe Hoffnung für Menschen mit psychischen Krisen und Krankheiten, weil die Erfahrung zeigt, daß die allermeisten Störungen nach einer gewissen Zeit wieder abklingen.[17]

2. Ich habe Hoffnung, weil heute im Vergleich zu früher mit Hilfe von Medikamenten psychische Leiden in vielen Fällen gemildert oder sogar geheilt werden können.

3. Ich habe Hoffnung, weil sich psychische Krisen oftmals als Chance für einen Neubeginn erweisen. Vielleicht braucht es eine Krise im Leben eines Menschen, damit er die zerbrechlichen Grundlagen seiner Existenz erkennt und sein Leben auf neuen, festen Grund baut.

4. Ich habe Hoffnung, weil ich in vielen Fällen erlebt habe, daß Menschen auch mit psychischer Schwachheit ein erfülltes Leben führen können. Dies gilt auch für Patienten mit ausgeprägten Persönlichkeitsveränderungen. Selbst wenn sie durch sehr schwere Erfahrungen gehen müssen, so finden sie zumeist im Verlauf der Jahre einen Weg zu einem neuen Leben mit ihren Grenzen.

5. Und ich habe Hoffnung, weil es heute zunehmend Initiativen gibt, die Wohnheime und Beschäftigungsmöglichkeiten für psychisch Leidende schaffen, um so ihr Los zu erleichtern und ihnen in der Gestaltung ihres Lebens beizustehen. In diesem Sinne sind auch die Angehörigengruppen zu Hoffnungsträgern für die Betroffenen und ihre Familien geworden.

Doch meine Hoffnung geht über diese ärztlich-menschlichen Erfahrungen hinaus. Letzte Hoffnung hat nur der, der um Gottes Gegenwart und um seine Zusagen weiß.

6. Deshalb habe ich Hoffnung, weil es sich immer wieder zeigt, „daß denen, die Gott lieben, alle Dinge zum Besten dienen“ [18], auch wenn wir oft lange Zeit nicht hinter die Kulissen des Leidens blicken können. Eine Frau mit einem schwerkranken Sohn sagte mir einmal: „Ich hoffe weiter, weil ich glaube, daß Gott keine Fehler macht.“

7. Ich habe Hoffnung, weil Gott ein Wunder tun kann, wenn es sein Wille ist. Im Epheserbrief heißt es: „Gott kann unendlich viel mehr an uns tun, als wir jemals von ihm erbitten oder auch nur ausdenken können. So mächtig ist die Kraft, mit der er in uns wirkt.“ [19] Und manchmal liegt das Wunder nur schon darin, daß Betroffene und Angehörige in ihrer Not nicht verbittert resignieren.

8. Ich habe Hoffnung, weil auch Menschen mit psychischen Schwachheiten von Gott geliebt und angenommen sind, selbst wenn sie diese Wahrheit nicht immer voll erfassen und mit Worten ausdrücken können.[20]

9. Ich habe Hoffnung, weil Gott gerade durch den Schwachen wirken kann. Er gießt seine Kraft in „zerbrechliche Gefäße“ aus und sagt dem Schwachen zu: „Laß Dir an meiner Gnade genügen, denn meine Kraft ist in den Schwachen mächtig!“ [21]

10. Und ich habe Hoffnung, weil unser Dasein auf dieser Welt mit dem ewigen Leben nicht verglichen werden kann, das Gott denen verheißt, die ihr Vertrauen auf ihn setzen. So schreibt Paulus: „Ich bin überzeugt: Die künftige Herrlichkeit, die Gott für uns bereithält, ist so groß, daß alles was wir jetzt leiden müssen, in gar keinem Verhältnis dazu steht.“ [22]

Tragen und getragen werden

In diesen zehn Thesen liegt Hoffnung nicht nur für den Schwachen selbst, sondern auch für den, der mitträgt an seiner Last. Gott selbst weiß, wieviel und wie lange wir tragen können. Er hilft nicht nur in der Schwachheit des Hilfesuchenden, sondern auch in der Schwachheit seiner Helfer. Er gibt die „Gelassenheit, Dinge hinzunehmen, die ich nicht ändern kann; den Mut, Dinge zu ändern, die ich ändern kann; und die Weisheit, das eine vom andern zu unterscheiden."[23]

Es ist meine Hoffnung, daß dieses Buch Mut macht zum Weitertragen der Lasten, die Gott in Ihrem Leben zuläßt. Und es ist mein Wunsch, daß Sie die Kraft dessen kennenlernen, der in Zeiten der Entmutigung leise hinzutritt und sich mit Ihnen unter das Kreuz des Lebens stellt: Jesus Christus, der den Menschen zuruft: „Kommt her zu mir alle, die ihr mühselig und beladen seid; ich will euch erquikken. Nehmt auf euch mein Joch und lernt von mir; denn ich bin sanftmütig und von Herzen demütig; so werdet ihr Ruhe finden für eure Seelen. Denn mein Joch ist sanft, und meine Last ist leicht."[24]

Weil er sich mit uns unter das Joch stellt, können wir beides: Die Aufgaben im praktischen Alltag erfüllen; aber auch ruhig sein in dem Wissen, daß nicht wir, sondern ER die letzte Verantwortung für das Gelingen unserer Bemühungen trägt. Die Verwurzelung in Gott macht den Helfer frei zur Offenheit für andere, wie dies so treffend in einem alten Gebet zum Ausdruck kommt:

Herr, öffne meine Augen,
damit ich deine Herrlichkeit bestaune
und die Not der Menschen sehe.

Herr, öffne meine Ohren,
damit ich dein Wort vernehme
und den Schrei der Armen höre.

Herr, öffne meine Lippen,
damit mein Mund dein Lob verkünde
und gute Worte finde.

Herr, öffne mein Herz,
damit ich Raum habe für dich
und allen offen begegne.

Anmerkungen

Einleitung

1 Kielholz 1981
2 Hufeland zitiert bei Will 1985
3 Häfner 1985
4 Hingegen nimmt die absolute Zahl von psychisch Kranken bedingt durch die höhere Lebenserwartung zu. Dies wirkt sich besonders bei den geistig Behinderten, den chronisch psychisch Kranken und bei den Altersdemenzen aus.
5 Vgl. Hemminger 1987: Psychotherapie – Weg zum Glück?
6 Vgl. seinen Aufsatz „Religion – das letzte Tabu? Über die Verdrängung der Religiosität in Psychologie, Psychiatrie und Psychotherapie" in: Küng 1987, S. 111–142
7 Blankenburg und Zilly 1973
8 Bleuler 1975, S. 399
9 Wertvolle Ausnahmen bilden die Bücher von Oates 1980, Maymann 1984 und Nohl 1981
10 Küng 1987, S. 140

Kapitel 1: Psychiatrie im Kreuzfeuer

1 Hell 1987, S. 87
2 Zilbergeld 1983
3 Will 1985
4 So bei Zilbergeld 1983 oder bei Hemminger 1985
5 Weyerer und Dilling 1984
6 Beispielsweise bei Adams 1972, Cosgrove 1979 und Dieterich 1984
7 Beispielsweise bei Michel und Spengler (Hg) 1985
8 Vgl. Vitz 1977
9 Ernst 1984
10 Pfeifer 1985

11 Matthäus 16,25-26; Hebräer 6,19; Epheser 6,6
12 Zum Beispiel in 1. Korinther 16,1
13 Eine gute Übersicht über „Modelle des Menschen" gibt Hampden-Turner 1982
14 Empfehlenswerte Lehrbücher der Psychiatrie sind: Tölle 1982, Feldmann 1984 und Bleuler 1975
15 Schmidbauer 1977
16 Schmidbauer 1983
17 Hier wurde mit dem von Saß und Köhler 1984 herausgegebenen Handbuch DSM III („Diagnostisches und Statistisches Manual psychischer Störungen") eine wichtige Grundlage geschaffen.
18 Der Spiegel 47/1978
19 Der Spiegel 44/1983
20 Vgl. dazu: Braun 1981, Ernst und Ernst 1986
21 Eine ausführliche Diskussion findet sich bei Ernst 1986
22 Vgl. Küng 1987, S. 111–145

Kapitel 2: Das Menschenbild in der Psychiatrie

1 Ich bin mir bewußt, daß auch ich hier wieder eine Auswahl treffe, die unvollständig ist. Zumindest habe ich aber versucht, die Psychotherapeuten möglichst gut um den Elefanten der Psyche herum zu verteilen.
2 Kind 1982
3 Miller 1983
4 Scherer 1982, interessante Gedanken finden sich auch bei Smedes 1984
5 Watson, S. 147
6 Lazarus 1985, Hennenhofer 1975
7 Beck 1981
8 Adams 1972
9 Zum Beispiel in Epheser 4,22–24
10 Sprüche 4,23 (Gute Nachricht)
11 Kolosser 3,2
12 Kolosser 3,16
13 Backus 1983, Stoop 1982, Wright 1981. Eine gute Übersicht gibt Tan 1987
14 Ellis 1977
15 Lazarus 1985
16 Maslow 1968
17 Rogers 1983
18 Rogers 1977
19 Willi 1985, S. 20
20 Ebenda, S.23

21 Hemminger 1985
22 Oden 1974, Gassmann 1984
23 Am bekanntesten sind die neueren Bücher von Robert Schuller, doch gibt es auch Ansätze im deutschen Sprachraum, z.B. bei Becker 1982
24 Crabb 1985, S.133ff
25 Müller 1984
26 Walsh und Vaughan 1980
27 Rohner 1985
28 Haller 1983
29 Dethlefsen 1976
30 Genauere Informationen über die zugrundeliegende New-Age-Philosophie finden sich bei König 1986 und bei Ruppert 1985
31 Thurneysen 1980, S. 174
32 1. Thessalonicher 5,21
33 Crabb 1984, S. 47–51
34 Jaspers 1959, S. 685

Kapitel 3: Das Wunder des Gehirns

1 Eccles 1979, S. 18
2 Poeldinger 1982
3 Psychologie heute, Januar 1986, S. 8
4 Eine hervorragend bebilderte und allgemeinverständlich geschriebene Zusammenfassung der in diesem Kapitel beschriebenen Forschungsergebnisse findet sich in dem GEO-Wissen-Heft 1987 mit dem Titel „Gehirn – Gefühl – Gedanken". Ebenfalls sehr gut verständlich ist das Buch von Restak 1985. Bei den folgenden Ausführungen stütze ich mich in erster Linie auf Eccles 1979, Lausch 1974, Jones 1981 sowie einen Artikel von Begley et al. 1983. Dazu kommen Informationen aus der wissenschaftlichen Literatur, die hier nicht im Detail aufgeführt werden soll.
5 Ausführliche Informationen über die Möglichkeiten und Mißbräuche der Gehirnchirurgie finden sich bei Koch 1978
6 Einen wissenschaftlich fundierten Überblick mit vielen Literaturhinweisen auf entsprechende Fachliteratur gibt Pardes 1986. Hochinteressant ist auch ein Bericht von Sedvall et al 1986, der die Techniken zur Sichtbarmachung von Neurotransmittern am Gehirn des lebenden Menschen beschreibt.
7 Haefely und Möhler 1980
8 Lit Angststoff. Science 227:934
9 Bräutigam 1981
10 Knoll 1984

11 Holaday 1984
12 Pribham 1986, Süllwold 1977, Huber und Süllwold 1986
13 Ausführliche wissenschaftliche Diskussionen über die Bedeutung von Geist und Gehirn finden sich bei Eccles und Popper 1982, Pribham 1986, und Searle 1984. Umfassende Darstellungen aus christlicher Sicht geben Collins 1985, Jones 1981 und Cosgrove 1977
14 Ich wähle hier bewußt den Begriff des Geistes, obwohl man sicher auch von der Seele sprechen könnte. Eine wertvolle theologische Arbeit zur Frage von Dichotomie oder Trichotomie hat Neidhart 1985 veröffentlicht.

Kapitel 4: Wie entstehen psychische Störungen?

1 Eine umfassende Übersicht gibt Rainer 1980
2 Science 234:1324
3 Hilfreiche multidimensionale Persönlichkeitsbeschreibungen lassen sich durch das Freiburger Persönlichkeits-Inventar (FPI), die Taylor-Johnson Temperament Analysis (TJTA), sowie durch das Minnesota Multiphasic Personality Inventory (MMPI) erzielen, solange man sich der Grenzen der dadurch erzielten Aussagen bewußt ist.
4 Eysenck und Kamin 1981
5 Kagan 1987, McFarlane 1964
6 1. Thessalonicher 5,14
7 2. Korinther 12,9–10
8 Ernst und VonLuckner 1985
9 Hemminger 1982
10 Ebenda, S. 212
11 Ebenda
12 2. Korinther 6,4
13 Galater 6,2
14 1. Petrus 1,6
15 1. Korinther 10,13
16 Beispiele finden sich in den Psalmen 22, 25, 28, 31, 38, 71, 73 u.v.a.m.
17 2. Korinther 4,8–9 (Hoffnung für alle)
18 Eine ausführliche Diskussion findet sich bei Frank 1985
19 Zum Beispiel in Römer 8,6 und 12,2; Philipper 2,5 (Luther)
20 Zum Beispiel in Epheser 4,22; 1. Petrus 1,15
21 Sprüche 4,23 (Gute Nachricht)
22 Galater 5,16
23 Epheser 4,15
24 Epheser 4,24
25 Kolosser 3,16

26 Psalm 77,3–11
27 Römer 8,26–27

Kapitel 5: Neurotische Störungen

1 Tölle 1982, S. 54
2 Dilling 1981
3 Besonders das „Diagnostische und Statistische Manual psychischer Störungen DSM III“, herausgegeben von Saß und Köhler 1984
4 Bräutigam, zit. bei Mester und Tölle 1981, S. 2
5 Ernst 1981, S. 222
6 Hemminger 1982, Eschenrödter 1984, S.91 ff.
7 Schepank 1974
8 Wohl lassen sich bei einzelnen Patienten sehr belastende Erlebnisse feststellen, die bei ihnen zum Ausbruch oder zur Verstärkung ihres Leidens geführt haben. Bei andern hingegen ist kein derartiger Zusammenhang feststellbar. Bis heute gibt es nur wenige kontrollierte Studien zu diesem Thema. Ein Beispiel findet sich bei Roy-Byrne et al 1986.
9 In der Psychoanalyse wird in diesem Zusammenhang von „Abwehrmechanismen“ gesprochen. Dieses Konzept ist zum Verständnis neurotischer Verhaltensweisen sehr hilfreich und wurde beispielsweise von Anna Freud 1984 umfassend beschrieben.
10 In der Literatur wird die Zunahme der „grauen Krankheiten“ beklagt, die durch diffuses Leiden, ungerichtete und somatisierte Angst, Unbehagen und Leistungsunfähigkeit charakterisiert seien (Will 1985). Dieser Tatsache wird in nosologischer Hinsicht die Schaffung neuer Syndrome wie z.B. die Borderline-Störung und die narzißtische Störung gerecht, in diagnostischer Hinsicht die Möglichkeit der multiaxialen Syndrombeschreibung im DSM III, vgl. Tölle et al. 1987.

Kapitel 6: Angst, Zwang und Hysterie

1 Riemann 1975
2 Entspannung kann durch verschiedenste Methoden herbeigeführt werden. Ein pflanzlicher Tee, ein langer Spaziergang oder ein warmes Bad können innere Verkrampfungen lösen. Andere versuchen Entspannung auf rein gedanklichem Weg zu erreichen. Hier müssen sich Christen fragen, ob sie die Suggestionen einer Technik (wie z.B. der Oberstufe des Autogenen Trainings) mit ihrem Glauben vereinbaren können. Auf interessante Alternativen aus christlicher Sicht hat Dieterich 1984 hingewiesen.

3 Dies wird eindringlich dokumentiert in dem lesenswerten Buch von Hemminger und Becker 1985 „Wenn Psychotherapien schaden“.
4 Marks 1985, Rickels et al. 1985
5 Johannes 16,33
6 Die neueren Konzepte über kognitive Basisstörungen von Süllwold und Huber 1986 lassen sich in adaptierter Form auch auf schwere Neurosen anwenden.
7 Vgl. Riemann 1975, S. 156ff.
8 Die beobachteten Grenzfälle zwischen Neurose und Psychose hat man mit dem Begriff der Borderline-Störung zu umschreiben versucht. Die Diagnose ist aber recht umstritten und soll in diesem Buch nicht ausführlich erläutert werden. Weiterführende Literatur findet sich bei Saß und Koehler 1983, Perry und Klerman 1978 sowie Gmür 1986
9 Umgekehrt können auch bei Depressionen hysterische Verhaltensmuster auftreten, wie sie in in einem Artikel von Garcia und Sander 1983 an eindrücklichen Fallbeispielen geschildert werden.
10 Eine brilliante Analyse richtigen seelsorgerlichen Handelns aus psychoanalytischer Sicht hat Benedetti 1960 am Beispiel von Blumhardts Kampf im Falle der Gottliebin Dittus veröffentlicht.
11 Hark 1984; evangelikale Christen werden nicht in allen Punkten den von Jungscher Psychologie geprägten Argumenten des Autors folgen können. Dennoch meine ich, daß er einen wertvollen Beitrag zur Thematik der religiösen Neurosen geleistet hat, der durch ein umfangreiches Literaturverzeichnis ergänzt wird.
12 Ebenda, S.209f.
13 Ebenda, S.12f.
14 Hilfreiche Bücher zu dieser Thematik stammen von Scharrer 1984, Tournier (ohne Jahresangabe) und McClung 1986
15 Vgl. Bronisch 1987
16 Blumhardt 1968, S. 84

Kapitel 7: Depressionen – ein Überblick

1 Die eindrückliche Schilderung einer schweren Depression findet sich bei Baker und Nester 1986. Die beste Übersicht aus christlicher Sicht gab White 1987, wobei in der deutschen Übersetzung viel von der Brillianz der englischen Originalausgabe verloren ging.
2 Modifiziert nach dem DSM III, herausgegeben von Saß und Köhler 1984
3 Kielholz, Pöldinger und Adams 1981
4 Nach Beck, 1981
5 Eine wissenschaftliche Übersicht findet sich bei Akiskal und McKinney 1975, wertvoll ist auch das Buch von Battegay 1985

6 Eine eindrückliche Schilderung gibt P. Strauch 1982

7 Umfassende epidemiologische Daten wurden durch die Forscher um J. Angst in Zürich erhoben. Ein zusammenfassender Bericht findet sich beispielsweise in einem von Angst 1983 herausgegebenen Werk.

8 Keller et al. 1986, und Laux 1986

9 Die umfassendste Schilderung depressiver Wahnideen findet sich bei VonOrelli 1954

10 Maniker wirken allerdings nicht immer fröhlich und heiter. Nicht wenige manische Patienten sind in ihrer Angetriebenheit gespannt, mürrisch und schlecht gelaunt und sehen überall Hindernisse für ihren Tatendrang.

Kapitel 8: Schwere Depressionen

1 Eine sehr wertvolle wissenschaftliche Untersuchung wurde von Hole 1977 veröffentlicht.

2 In Anlehnung an Kielholz und Adams 1981

3 Eine wertvolle Sammlung biblischer Verheißungen enthält das Büchlein „Fester als Felsen", Verlag Schulte und Gerth, Asslar 1983

4 Eine ausführliche Darstellung vermeidbarer Fehler in Diagnostik und Therapie findet sich im gleichnamigen Büchlein von Kielholz und Adams 1984

5 Vgl. z. B. Micha 7,8: „Wenn ich auch darniederliege, so werde ich wieder aufstehen und wenn ich auch im Finsteren sitze, so ist doch der Herr mein Licht."

6 1. Johannes 4,20 (Hoffnung für alle)

7 Zum Beispiel in Psalm 73,23

8 Simons et al. 1984

9 Ausführliche Informationen über antidepressive Behandlung geben beispielsweise Pöldinger und Wider 1986

10 Weitere Informationen über die Behandlung endogener Depressionen mit Lithium finden sich in dem wertvollen Büchlein von Schou 1978. Es ist in einer Sprache geschrieben, die sowohl vom Arzt als auch vom Patienten verstanden wird.

11 Nach Poeldinger 1982/2

12 Blackburn 1986

13 Eine umfassende Darstellung findet sich bei Reimer 1982

14 Nach Kielholz 1974

15 Prozesse um die Verschuldensfrage am Suizid in einer Klinik werden immer häufiger. Eine eindrückliche Schilderung gab Mauz 1986

Kapitel 9: Schizophrenie – ein Überblick

1 Zum Beispiel Tölle 1982, Feldmann 1984
2 Modifiziert nach den Kriterien des DSM III, herausgegeben von Saß und Köhler 1984
3 Müller et al. 1986
4 Süllwold 1977, Huber 1983
5 Vgl. hier besonders das Werk von Scharfetter 1986
6 Ciompi 1981
7 Weiner 1980
8 Phelps 1985
9 Hartmann et al. 1984, Angst et al. 1985
10 Nach Zubin et al. 1977 und 1983
11 Beispiele finden sich bei Begley 1983, Grove 1985, Nuechterlein 1984

Kapitel 10: Schizophrenie und Glaube

1 Eine wertvolle Studie zum Thema „Aberglaube, Glaube, Wahn" wurde von Haenel 1983 veröffentlicht. Auf die Abgrenzung von „Glaube, Ideologie und Wahn" geht der Münchner Psychologe Huth 1984 ein.
2 Zweifel und Scharfetter 1977, Köhler 1978
3 Zweifel und Scharfetter 1977, S.320
4 Kranz 1955 und 1967
5 Blankenburg und Zilly 1973, VonOrelli 1954
6 Adams 1972, S. 28 ff.
7 Margies 1983/Teil II, S. 220 ff.
8 Ebenda, S. 231

Kapitel 11: Schizophrenie – Therapie und Seelsorge

1 Green 1964
2 Koenigsberg und Handley 1986
3 Drake und Sederer 1986 und Gunderson et al. 1984
4 Margies 1983/II, S. 228, sowie eigene Beobachtungen
5 In Anlehnung an Horie 1978
6 Römer 8,26 (Gute Nachricht)
7 Galater 6,2

Kapitel 12: Ganzheitliche Betreuung

1 Poeldinger 1984
2 Vgl. Kapitel 13: Mit Grenzen leben
3 1. Thessalonicher 5,14
4 Vgl. Stichwort Geduld in: Coenen et al. 1983, S. 463
5 Sprüche 16,24
6 Sprüche 18,20–21 (Gute Nachricht)
7 Matthäus 9,36 (Gute Nachricht)
8 Der griechische Begriff an dieser Stelle gibt „das stärkste Gefühl erbarmender bzw. liebender... Hinwendung“ wieder, vgl. Stichwort Barmherzigkeit in: Coenen et al. 1983, S. 57
9 Matthäus 12,7
10 Jakobus 1,19
11 Wertvolle Anleitung für das Gespräch gibt das Buch von Egan 1984
12 Ich habe mich an anderer Stelle ausführlich mit der Frage der „Okkulten Belastung im Spannungsfeld von Seelsorge und Psychiatrie“ (Pfeifer 1987) beschäftigt.
13 Lechler 1978, S. 82
14 Matthäus 25,34–35
15 Ein hilfreiches Buch zur psychiatrischen Pflegeplanung stammt von Needham 1987
16 Eine gute Übersicht findet sich bei VanHout 1988
17 Die einzelnen Werke werden dargestellt in einem kleinen Büchlein der ACL 1985
18 Über die neuen Entwicklungen in der Angehörigenarbeit schrieb Hell 1987. Ein eindrückliches Plädoyer für den Miteinbezug der Angehörigen in die Therapie hat Dörner 1982 verfaßt. Von Fiedler et al. 1986 stammt schließlich eine wertvolle Anleitung zur Arbeit mit Angehörigen.
19 Mehr über dieses Konzept findet sich bei Fiedler 1986, S. 78 ff.
20 Zum Bespiel in dem handlichen Büchlein von Heinrich 1983
21 Bufford und Johnston 1982, ähnliche Ansätze finden sich bei Collins 1979, 189–205

Kapitel 13: Mit Grenzen leben

1 2. Korinther 1,8–9
2 Lewis (1980) hat eine sehr hilfreiche Arbeit über den Wunderbegriff aus wissenschaftlicher und theologischer Sicht veröffentlicht.
3 Eine ausführliche Diskussion dieser Frage findet sich bei Farah 1984
4 Vgl. den Bericht von Müller 1985

5 1. Könige 19,11–13

6 Eine äußerst hilfreiche und fachlich hochstehende Analyse dieser Zusammenhänge wurde von Bennett und Bennett 1984 unter dem provokativen Titel: „The uses of hopelessness“ veröffentlicht.

7 Römer 8,18–25

8 Mit dem Problem des Leidens im Kontext der Seelsorge beschäftigen sich viele wertvolle Bücher. Besonders empfehlenswert sind: Schaeffer 1986, Yancey 1979, Vanauken und Lewis 1980

9 Hebräer 4,14–16

10 Lukas 7,34

11 Jesaja 57,15

12 Jesaja 42,3

13 Dieses Konzept der Kraft in der Schwachheit wurde besonders in den paulinischen Briefen dargestellt. Eine gute Übersicht gibt der amerikanische Theologe Black 1984

14 2. Korinther 4,7 (Hoffnung für alle)

15 2. Korinther 4,8–9 (Hoffnung für alle), 16–18 (Gute Nachricht)

16 Frankl 1983, S. 61

17 Ich habe bei der Beschreibung der einzelnen Krankheitsbilder einige Angaben über die Verlaufszahlen gemacht. Diese zeigen, daß es gesamthaft gesehen nur bei einem kleinen Teil der Kranken zu wirklich schweren chronischen Entwicklungen kommt.

18 Römer 8,28

19 Epheser 3,20 (Gute Nachricht)

20 Römer 8,26

21 2. Korinther 12,9 (Luther)

22 Römer 8,18 (Gute Nachricht)

23 Nach einem Oetinger zugeschriebenen Gebet, zitiert nach Nohl 1981, S.209

24 Matthäus 11,28–30

Literaturverzeichnis

ACL (1985) Leben will gelernt sein. Die Arbeitsgemeinschaft Christlicher Lebenshilfen (ACL) stellt sich vor. Schulte und Gerth, Asslar.

Adams JE (1972) Befreiende Seelsorge. Theorie und Praxis einer biblischen Lebensberatung. Brunnen-Verlag, Basel / Gießen.

Akiskal AS, McKinney TW (1975) Overview of recent research in depression. Archives of General Psychiatry 32:285–305.

Angst J, ed (1983) The origins of depressions: Current concepts and approaches. Springer, Berlin / Heidelberg / New York.

Angst J, Isele R, Scharfetter C, Scheidegger P (1985) Zur prämorbiden Persönlichkeit Schizophrener. Schweizer Archiv für Neurologie, Neurochirurgie und Psychiatrie 136:45–53.

Backus W, Chapian M (1980) Befreiende Wahrheit: Praxis kognitiver Seelsorge. Projektion J, Hochheim 1983.

Baker D, Nester E (1983) Zurück ins Leben. Die Geschichte einer Depression. Brunnen-Verlag, Basel / Gießen 1986.

Battegay R (1985) Depression: psychophysische und soziale Dimension. Therapie. Huber, Bern / Stuttgart / Toronto.

Beck AT (1981) Kognitive Therapie der Depression. Urban und Schwarzenberg, München / Wien / Baltimore.

Becker W (1982) Wahrnehmungen. Wie wir uns und andere neu sehen lernen. Oncken, Wuppertal / Kassel.

Begley S, Carey J, Sawhill R (1983) How the brain works. Newsweek 7. Februar, S. 40–47.

Benedetti G (1960) Blumhardts Seelsorge in der Sicht heutiger psychotherapeutischer Kenntnis. Reformatio 9:474–487 (1. Teil) und 531–539 (2. Teil).

Bennett MI, Bennett MB (1984) The uses of hopelessness. American Journal of Psychiatry 141:559–562.

Black DA (1984) Paulus Infirmus: The pauline concept of weakness. Grace Theological Journal 5:77–93.

Blackburn B (1986) Was Sie über Selbstmord wissen sollten. Blaukreuz-Verlag Wuppertal / Bern.

Blankenburg W und Zilly A (1973) Gestaltwandel im schizophrenen Wahnerleben? In Glatzel J, Hg.: Gestaltwandel psychiatrischer Krankheitsbilder. Schattauer, Stuttgart.
Bleuler E (1975) Lehrbuch der Psychiatrie. 13.Auflage. Springer, Berlin / Heidelberg / New York.
Blumhardt JC (1968) Seelsorge. Siebenstern Taschenbuch Verlag, Hamburg / München.
Böker W und Brenner HD, Hg. (1986) Bewältigung der Schizophrenie. Huber, Bern / Stuttgart / Toronto.
Bräutigam W und Christian P (1981) Psychosomatische Medizin. Ein kurzgefaßtes Lehrbuch. Thieme Verlag, Stuttgart / New York.
Braun P et al. (1981) Overview: Deinstitutionalization of psychiatric patients, a critical review of outcome studies. American Journal of Psychiatry 138:736–749.
Bronisch T (1987) Rehabilitation chronifizierter Neurosen. Vortrag gehalten am Internationalen Symposium über Rehabilitation in der Psychiatrie in München. 8.–10.4.1987.
Bufford RK, Johnston TB (1982) The church and community mental health: unrealized potential. Journal of Psychology and Theology 10:355–362.
Cartwright R (1978) Schlafen und Träumen. Eine Einführung in die experimentelle Schlafforschung. Kindler, München 1982.
Ciompi L (1981) Wie können wir die Schizophrenen besser verstehen? – Eine Synthese neuer Krankheits- und Therapiekonzepte. Der Nervenarzt 52:506–515.
Coenen L, Beyreuther E und Bietenhard H, Hg. (1983) Theologisches Begriffslexikon zum Neuen Testament, Band 1 und 2. R. Brockhaus, Wuppertal.
Collins G (1979) Einführung in die beratende Seelsorge. Bundes-Verlag, Witten.
Collins G (1985) The magnificent mind. Waco TX: Word.
Cosgrove MP (1977) The essence of human nature. Christian free university curriculum. Zondervan, Grand Rapids MI.
Cosgrove MP (1979) Psychology gone awry. Intervarsity Press. Downers Grove (ILL).
Crabb LJ (1984) Die Last des andern: Biblische Seelsorge als Aufgabe der Gemeinde. Brunnen-Verlag, Basel / Gießen.
Der Spiegel (1978) „Schizophrenie austragen wie einen Schnupfen“: In Italien werden die Irrenanstalten durch Gesetz abgeschafft. 47:195–207.
Der Spiegel (1983) Schande ohne Ende. 44:271–275.
Dethlefsen T (1976) Das Erlebnis der Wiedergeburt. Heilung durch Reinkarnation. Bertelsmann Verlag, München.

Dieterich M (1984) Psychologie contra Seelsorge? Hänssler, Neuhausen-Stuttgart.
Dieterich M (1986) Depressionen. Hilfen aus biblischer und psychotherapeutischer Sicht. Brunnen-Verlag, Basel / Gießen.
Dilling H (1981) Prävalenzergebnisse aus einer Feldstudie in einem ländlich-kleinstädtischen Gebiet. In: Mester H, Tölle R: Neurosen. Springer, Berlin / Heidelberg / New York.
Dörner K, Egetmeyer A, Koenning K (1982) Freispruch der Familie. Psychiatrie Verlag, Wunstorff / Hannover.
Drake RE, Sederer LI (1986) Inpatient psychosocial treatment of chronic schizophrenia: negative effects and current guidelines. Hospital and Community Psychiatry 37:897–901.
Eccles JC (1979) Das menschliche Gehirn. Piper, München.
Egan G (1984) Helfen durch Gespräch. Psychologische Beratung in Therapie, Beruf und Alltag. Rowohlt, Reinbek.
Ellis A (1977) Die rational-emotive Therapie: das innere Selbstgespräch bei seelischen Problemen und seine Veränderung. Pfeiffer Verlag, München.
Ernst C, Von Luckner N (1985) Stellt die Frühkindheit die Weichen? Eine Kritik an der Lehre von der schicksalhaften Bedeutung erster Erlebnisse. Enke Verlag, Stuttgart.
Ernst K (1981) Praktische Klinikpsychiatrie für Ärzte und Pflegepersonal. Springer, Berlin / Heidelberg / New York.
Ernst K (1984) Ideen und Tatsachen in der Psychiatrie. Ursachen und Folgen einer vernachläßigten Unterscheidung. Tages-Anzeiger 6. Juli 1984, S.49.
Ernst K (1986) Psychiatrische Versorgung: Das humane Minimum und seine Kosten. In: Heimann H und Gaertner HJ, Hg.: Das Verhältnis der Psychiatrie zu ihren Nachbardisziplinen. Springer, Berlin / Heidelberg / New York.
Ernst K, Ernst C (1986) Italienische Psychiatrie: Augenschein in der Lombardei. Der Nervenarzt 57:494–501.
Eschenrödter CT (1984) Hier irrte Freud. Urban und Schwarzenberg, München / Wien / Baltimore.
Eysenck HJ, Kamin L (1981) The intelligence controversy. John Wiley, New York / Toronto.
Farah C (1984) Von der Zinne des Tempels. Glaube oder Vermessenheit? Fliß-Verlag, Hamburg.
Feldmann H (1984) Psychiatrie und Psychotherapie. Ein kurzgefaßtes Lehrbuch für Studierende und Ärzte. Karger, Basel / München.
Fester als Felsen. Schulte und Gerth, Asslar 1984.
Fiedler P, Niedermeier T, Mundt C (1986) Gruppenarbeit mit Angehörigen schizophrener Patienten. Psychologie Verlags Union, München / Weinheim.

Flach F (1978) Depression als Lebenschance. Seelische Krisen und wie man sie nutzt. Rowohlt, Reinbek.

Frankl V (1983) Ärztliche Seelsorge: Grundlagen der Logotherapie und Existenzanalyse. Fischer Taschenbuch Verlag, Frankfurt.

Freud A (1984) Das Ich und die Abwehrmechanismen. Fischer Taschenbuch Verlag, Frankfurt.

Garcia C und Sander HJ (1983) Pseudohysterische Verhaltensweisen bei endogenen Depressionen. Der Nervenarzt 54:354–362.

Gassmann L (1984) Gruppendynamik – Hintergründe und Beurteilung. Hänssler, Neuhausen-Stuttgart.

GEO-Wissen (1987) Gehirn, Gefühl, Gedanken. Nr.1, 25. Mai.

Gmür M (1986) Die Fragwürdigkeit des Borderline-Begriffs. Schweizerische Ärztezeitung 67:2219–2221.

Green H (1978) Ich hab dir nie einen Rosengarten versprochen. Bericht einer Heilung. Rowohlt, Reinbek.

Grove WM, Andreasen NC (1985) Language and Thinking in Psychosis. Archives of General Psychiatry 42:26–32.

Gunderson JG et al. (1984) Effects of psychotherapy in schizophrenia II: comparative outcome of two forms of treatment. Schizophrenia Bulletin 10:564–598.

Haefely W, Möhler H (1980) Der Wirkungsmechanismus der Benzodiazepine. Ein Bericht aus der Roche-Forschung. Hoffmann-La Roche, Basel.

Häfner H (1985) Sind psychische Krankheiten häufiger geworden? Der Nervenarzt 56:120–133.

Haenel T (1983) Aberglaube, Glaube, Wahn. Schweizer Archiv für Neurologie, Neurochirurgie und Psychiatrie 133:295–310.

Haller M (1983) Neuer Psychokult: Lust aufs Jenseits. Der Spiegel 43:268–279.

Hampden-Turner C (1982) Modelle des Menschen. Beltz, Weinheim/Basel.

Hark H (1984) Religiöse Neurosen: Ursache und Heilung. Kreuz Verlag, Stuttgart.

Hartmann E, Milofsky E, Vaillant G et al. (1984) Vulnerability to schizophrenia. Archives of General Psychiatry 41:1050–1056.

Heinrich K (1983) Psychopharmaka in Klinik und Praxis. Thieme Verlag, Stuttgart/New York.

Hell D (1987) Angehörigenarbeit in der Psychiatrie. Praxis der Psychotherapie und Psychosomatik 32:87–94.

Hemminger H (1982) Kindheit als Schicksal? Die Frage nach den Langzeitfolgen frühkindlicher seelischer Verletzungen. Rowohlt, Reinbek.

Hemminger H (1987) Psychotherapie – Weg zum Glück? Zur Orientierung auf dem Psychomarkt. Verlag: Evangelischer Presseverband für Bayern, München.

Hemminger H, Becker V (1985) Wenn Therapien schaden: Kritische Analyse einer psychotherapeutischen Fallgeschichte. Rowohlt, Reinbek.
Hennenhofer G, Heil KD (1979) Angst überwinden: Selbstbefreiung durch Verhaltenstraining. Rowohlt, Reinbek.
Holaday JW (1984) Endogenous opioid systems and autonomic function. Clinical Neuropharmacology Vol. 7, Suppl. 1, Raven Press, New York, 726–727.
Hole G (1977) Der Glaube bei Depressiven. Enke Verlag, Stuttgart.
Horie M (1978) Resignieren oder hoffen? Ein Leitfaden für Seelsorger. R.Brockhaus, Wuppertal.
Horie M, Horie H (1985) Stufen der Befreiung. Scheitern und Neubeginn. R.Brockhaus, Wuppertal.
Huber G (1983) Das Konzept substratnaher Basissymptome und seine Bedeutung für Theorie und Therapie schizophrener Erkrankungen. Der Nervenarzt 54:23–32.
Huth W (1984) Glaube, Ideologie und Wahn: Das Ich zwischen Realität und Illusion. Nymphenburger, München.
Jaeggi Eva (1986) Pop-Psychologie: Abkürzungen zum Ich? Psychologie heute 10, S. 62–67.
Jaspers K (1959) Allgemeine Psychopathologie. Springer, Berlin / Heidelberg / New York.
Jones DG (1981) Our fragile brains: a christian perspective on brain research. Intervarsity Press. Downers Grove (ILL).
Kagan J (1987) Die Natur des Kindes. Piper, München.
Keller MB, Lavori PW, Rice J et al. (1986) The persistent risk of chonicity in recurrent episodes of nonbipolar major depressive disorder: a prospective follow-up. American Journal of Psychiatry 143:24–28.
Kielholz P (1974) Diagnose und Therapie der Depressionen für den Praktiker. Lehmanns, München.
Kielholz P (1981) Diagnostik larvierter Depressionen. In: Kielholz P und Pöldinger W (Hg): Der depressive Patient und sein Arzt. Springer, Berlin / Heidelberg / New York.
Kielholz P, Adams C (1984) Vermeidbare Fehler in Diagnostik und Therapie der Depression. Deutscher Ärzte-Verlag, Köln.
Kielholz P, Poeldinger W und Adams C (1981) Die larvierte Depression. Deutscher Ärzte-Verlag, Köln.
Kind H (1982) Psychotherapie und Psychotherapeuten: Methoden und Praxis. Thieme Verlag, Stuttgart / New York.
Knoll J (1984) Endogenous anorexic substances. Clinical Neuropharmacology Vol 7, Suppl 1, Raven Press, New York, 724–725.
Koch ER (1978) Chirurgie der Seele: Operative Umpolung des Verhaltens. Fischer Verlag, Frankfurt.

Köhler A (1978) Religiöser Wahn und Religiosität. Dissertation, Universität Zürich.
König R (1986) New Age: Geheime Gehirnwäsche. Wie man uns heute für morgen programmiert. Hänssler, Neuhausen-Stuttgart.
Koenigsberg HW, Handley R (1986) Expressed emotion: from predictive index to clinical construct. American Journal of Psychiatry 143:1361–1373.
Kranz H (1955) Das Thema des Wahns im Wandel der Zeit. Fortschritte der Neurologie und Psychiatrie 23:58–72.
Kranz H (1967) Wahn und Zeitgeist. Studium Generale, 20:605–611.
Küng H (1987) Freud und die Zukunft der Religion. Piper, München.
Lasch C (1986) Das Zeitalter des Narzißmus. Deutscher Taschenbuch Verlag, München.
Lausch E (1974) Manipulation – Der Griff nach dem Gehirn. Rowohlt, Reinbek.
Laux G (1986) Chronifizierte Depressionen. Eine klinische Verlaufsuntersuchung unter Berücksichtigung typologischer, therapeutischer und prognostischer Aspekte. Enke Verlag, Stuttgart.
Lazarus A, Fay A (1985) Ich kann, wenn ich will. Deutscher Taschenbuch Verlag, München.
Lechler A (1978) Krankheit oder Dämonie? Verlag Goldene Worte, Stuttgart.
Lewis CS (1980) Wunder: möglich, wahrscheinlich, undenkbar? Brunnen-Verlag, Basel/Gießen.
Mader A (1978) Der angenommene Mensch. Gedanken eines Nervenarztes. R. Brockhaus, Wuppertal.
Margies W (1983) Heilung durch sein Wort: Der Verzicht auf Psychotherapie. Teil 1 und 2, STIWA Druck und Verlag, Urbach, 4. Auflage.
Marks J (1985) Chronic anxiolytic treatment: benefit and risk. In: Kemali D and Racagni G, eds, Chronic treatments in neuropsychiatry. Raven Press, New York Maslow AH (1968) Psychologie des Seins. Kindler, München.
Mauz G (1986) „...nur demütiges Schweigen angemessen“ Der Spiegel 32:80–81.
Maymann U (1984) Die religiöse Welt psychisch Kranker. Ein Beitrag zur Kranken seelsorge. Herder, Freiburg/Basel/Wien.
McClung F (1986) Das Vaterherz Gottes. JMEM-Verlag, Tübingen.
McFarlane JW (1964) Perspectives on personality consistency and change from the guidance study. Vita humana 7:115–126.
Mester H und Tölle R (1981) Neurosen. Springer, Berlin/Heidelberg/New York.
Michel KM (1985) Im Bauch des Wals: Abgesang auf die gesunde Persönlichkeit. In: Michel KM, Spengler T, Hg.: Die Therapiegesellschaft. Kursbuch 82, Berlin.

Miller A (1983) Das Drama des begabten Kindes und die Suche nach dem wahren Selbst. Suhrkamp Verlag, Frankfurt/ Berlin.
Müller C (1985) Über späte Besserungen bei chronischen Schizophrenen. Schweizer Archiv für Neurologie, Neurochirurgie und Psychiatrie 136:17–22.
Müller L (1984) Die Wiederkehr des Magischen. Psychologie heute, September, S. 21–27.
Müller P, Günther U, Lohmeyer J (1986) Behandlung und Verlauf schizophrener Psychosen über ein Jahrzehnt. Krankheitsverlauf und Prädiktoren. Der Nervenarzt 57:332–341.
Needham I (1988) Pflegeplanung in der Psychiatrie. Recom, Basel.
Neidhart J (1985) Leib, Seele und Geist. Dichotomie oder Trichotomie? Bibel und Gemeinde 3:281–299.
Nohl PG (1981) Mit seelischer Krankheit leben. Hilfen für Betroffene und Mitbetroffene. Vandenhoeck & Ruprecht, Göttingen.
Nuechterlein KH, Dawson ME (1984) Information processing and attentional functioning in the developmental course of schizophrenic disorders. Schizophrenia Bulletin 10/2:160–203.
Oates WE (1980) Seelsorge und Psychiatrie. Styria Verlag, Graz/Wien/ Köln.
Obiols J, Basaglia F (1978) Antipsychiatrie: Das neue Verständnis psychischer Krankheit. Rowohlt, Reinbek.
Oden TC (1974) Wer sagt: Du bist okay? Eine theologische Anfrage an die Transaktionale Analyse. BCS Burkardthaus, Berlin 1977.
Papeschi R (1985) The denial fo the institution: a critical review of Franco Basaglia's writings. British Journal of Psychiatry 146:247–254.
Pardes H (1986) Neuroscience and Psychiatry: Marriage or Coexistence? American Journal of Psychiatry 143:1205–1212.
Perry JC, Klerman GL (1978). The borderline Patient. American Journal of Psychiatry 35:141–150.
Pfeifer S (1985) Therapeuteneigenschaften und Erfolg in der Psychotherapie. Schweizerische Ärztezeitung 66:1534–1539.
Pfeifer S (1987) Okkulte Belastung im Spannungsfeld von Seelsorge und Psychiatrie. Factum, Februarheft, 3–8.
Phelps M, Mazziotta J (1985) Positron emission tomography: human brain function and biochemistry. Science 228:799–809.
Poeldinger W (1982/1) Die psychiatrische Klinik im Wandel. Schweizerische Ärztezeitung 63:285–288.
Poeldinger W (1982/2) Erkennung und Beurteilung der Suizidalität. In: Reimer C, Hg.: Suizid. Springer, Berlin/Heidelberg/New York 1982.
Poeldinger W (1984) Über systemisches und perspektivisches Denken in der Psychiatrie. Schweizerische Ärztezeitung 65:1573–1574.

Poeldinger W, Wider F (1986) Die Therapie der Depressionen. Deutscher Ärzte-Verlag, Köln.
Pribham KH (1986) The cognitive revolution and mind / brain issues. American Psychologist 41:507–520.
Rainer JD (1980) Genetics and Psychiatry. In: Comprehensive textbook of psychiatry, 3rd ed. Edited by Kaplan HI, Freedman AM, Saddock BJ. Williams & Wilkins, Baltimore / London, S.135–154.
Reimer C, Hg (1982) Suizid. Springer, Berlin / Heidelberg / New York.
Restack RM (1985) Geheimnisse des menschlichen Gehirns. Ursprung von Denken, Fühlen, Handeln. Moderne Verlagsgesellschaft, Landsberg am Lech.
Rickels K, Case WG, Downing RW, Winokur A (1985) Indications and contraindications for chronic anxiolytic treatment: is there tolerance to the anxiolytic effect? In: Kemali D and Racagni G, eds, Chronic treatments in neuropsychiatry. Raven Press, New York.
Riemann F (1975) Grundformen der Angst. Eine tiefenpsychologische Studie. Ernst Reinhardt Verlag, München.
Rogers CR (1977) Die Kraft des Guten: Ein Appell zur Selbstverwirklichung. Fischer Verlag, Frankfurt 1985.
Rogers CR (1983) Therapeut und Klient: Grundlagen der Gesprächspsychotherapie. Fischer Verlag, Frankfurt.
Rohner HK (1985) Transpersonale Psychologie stößt in höhere Sphären vor. Tages-Anzeiger 4. April.
Rosenhan DL (1973) On being sane in insane places. Science 179:250–258.
Roy-Byrne PP, Geraci M, Uhde TW (1986) Life events and the onset of panic disorder. American Journal of Psychiatry 143:1424–1427.
Ruppert HJ (1985) New Age: Endzeit oder Wendezeit? Coprint, Wiesbaden.
Saß H, Koehler K (1983) Borderline-Syndrome: Grenzgebiet oder Niemandsland? Zur klinisch-psychiatrischen Relevanz von Borderline-Diagnosen. Der Nervenarzt 54:221–230.
Saß H, Köhler K (1984) Diagnostisches und Statistisches Manual psychischer Störungen (DSM III). Beltz-Verlag, Weinheim / Basel.
Schaeffer E (1986) Nie tiefer als in Gottes Hand. Hänssler, Neuhausen-Stuttgart.
Scharfetter C (1986) Schizophrene Menschen. Psychologie Verlags Union, München / Weinheim .
Scharrer E (1984) Psychisches Fehlverhalten und die Heilung der Gottesbeziehung. Francke, Marburg.
Schepank (1974) Erb- und Umweltfaktoren bei Neurosen. Springer, Berlin / Heidelberg / New York.
Scherer K (1982) Vergebung – das zentrale Problem. Hänssler, Neuhausen-Stuttgart.

Schmidbauer W (1977) Die hilflosen Helfer. Rowohlt, Reinbek.
Schmidbauer W (1983) Helfen als Beruf: Die Ware Nächstenliebe. Rowohlt, Reinbek.
Schou M (1978) Lithium-Behandlung der manisch-depressiven Krankheit. Information für Arzt und Patienten. Thieme Verlag, Stuttgart/New York 1980.
Searle JR (1984) Minds, brains and science. Harvard University Press, Cambridge MA.
Sedvall G, Farde L, Persson A und Wiesel FA (1986) Imaging of Neurotransmitter Receptors in the living human brain. Archives of General Psychiatry 43:995–1005.
Silverman JS, Silverman JA, Eardley DA (1984) Do Maladaptive Attitudes Cause Depression? Arch Gen Psychiatry 41:28–30.
Simons AD, Garfield SL, Murphy GE (1984) The Process of Change in Cognitive Therapy and Pharmacotherapy for Depression. Arch Gen Psychiatry 41:45–51.
Smedes LB (1984) Forgive and forget. Harper & Row, San Francisco.
Stoop D (1982) Self talk: key to personal growth. Revell, Old Tappan NJ.
Strauch P (1982) Entdeckungen in der Einsamkeit. Bundes-Verlag, Witten.
Strupp HH, Hadley SW (1977) A tripartite model of mental health and therapeutic outcomes. With special reference to negative effects in psychotherapy. American Psychologist 32:187–196.
Süllwold L (1977) Symptome schizophrener Erkrankungen. Uncharakteristische Basisstörungen. Springer, Berlin/Heidelberg/New York.
Süllwold L, Huber G (1986) Schizophrene Basisstörungen. Springer, Berlin/Heidelberg/New York.
Szasz TS (1972) Geisteskrankheit – ein moderner Mythos? Grundzüge einer Theorie des persönlichen Verhaltens. Walter Verlag, Olten/Freiburg.
Szasz TS (1975) Psychiatrie – die verschleierte Macht. Walter Verlag, Olten/Freiburg.
Tan SY (1987) Cognitive-behavior therapy: A biblical approach and critique. Journal of Psychology and Theology 15:103–112
Thurneysen E (1980) Die Lehre von der Seelsorge. Theologischer Verlag Zürich, Zürich (Erstausgabe 1946).
Tölle R (1982) Lehrbuch der Psychiatrie. Springer, Berlin/Heidelberg/New York.
Tölle R, Peikert A, Rieke A (1987) Persönlichkeitsstörungen bei Melancholiekranken. Der Nervenarzt 58:227–236.
Tournier P (ohne Jg) Echte und falsche Schuldgefühle: Vom schlechten Gewissen zur inneren Freiheit. 6. Auflage. Humata Verlag Pforzheim/Bern/Salzburg.
Vanauken S, Lewis CS (1980) Eine harte Gnade. Brunnen-Verlag, Gießen/Basel.

Van Hout L, Hg. (1988) Rehabilitation in der Psychiatrie. Springer, Berlin / Heidelberg / New York.
VonOrelli A (1954) Der Wandel des Inhaltes der depressiven Ideen bei der reinen Melancholie. Schweizer Archiv für Neurologie, Neurochirurgie und Psychiatrie 73:217–287.
Walsh RN und Vaughan F, Hg. (1980) Psychologie in der Wende. Scherz, Bern / München / Wien, 2.dt.Auflage 1985.
Watson D (1984) Fear no evil. Hodder & Stoughton, London.
Weiner H (1980) Schizophrenia: Etiology. In: Comprehensive textbook of psychiatry, 3rd ed. Edited by Kaplan HI, Freedman AM, Saddock BJ. Baltimore, Williams & Wilkins, S. 1121–1152.
Weyerer S, Dilling H (1984) Prävalenz und Behandlung psychischer Erkrankungen in der Allgemeinbevölkerung. Ergebnisse einer Feldstudie in drei Gemeinden Oberbayerns. Der Nervenarzt 55:30–42.
White J (1987) Die Masken der Melancholie. Francke, Marburg.
Will H (1985) Selige Gesundheit: Systeme der Therapiegesellschaft. In: Michel K M, Spengler T, Hg.: Die Therapiegesellschaft. Kursbuch 82, Berlin.
Willi J (1985) Koevolution: Die Kunst gemeinsamen Wachsens. Rowohlt, Reinbek.
Williams JMG (1984) Cognitive-Behaviour Therapy for Depression: Problems and Perspectives. Brit J Psychiatry 145:254–262.
Wright HN (1981) Marital counseling: A biblically based behavioral approach. Harper & Row, New York.
Yancey P (1979) Schmerz – Hat Gott denn kein Mitleid? Schulte und Gerth, Asslar.
Zilbergeld B (1983) The Shrinking of America: Myths of Psychological Change. Little, Brown, Boston / Toronto.
Zubin J und Spring B (1977) Vulnerability: a new view of schizophrenia. Journal of Abnormal Psychology 86:103–123.
Zubin J, Magaziner J und Steinhauer S (1983) The metamorphosis of schizophrenia from chronicity to vulnerability. Psychosocial Medicine 13:551–571.
Zweifel A, Scharfetter C (1977) Christliche Religiosität und Psychosethematik. Schweizer Archiv für Neurologie, Neurochirurgie und Psychiatrie 121:317–324.

Stichwortregister

Lawrence J. Crabb

Die Last des andern

Biblische Seelsorge als Aufgabe der Gemeinde
192 Seiten, ABCteam-Paperback Nr. 348

Das Bedürfnis nach psychotherapeutischer Beratung wird auch unter Christen immer stärker. Wo aber findet man den Therapeuten, der helfen kann, ohne den Glauben außer acht zu lassen?

Beratung – seelsorgerliche Beratung – gehört in den Rahmen der Gemeinde, meint der Autor. Er will Mut machen, „die Last des andern" zu tragen. Dazu muß man allerdings wissen, wie diese Last entstanden ist.

„Nicht immer hat die Stimme Amerikas in Sachen Seelsorge so hell und klar geklungen wie in dem neuen Buch von Lawrence J. Crabb. Der Entwurf einer bibel- und gemeindeorientierten Seelsorge ist aus mehr als einem Grund bemerkenswert. Crabb ermittelt verständnisvoll die Probleme des Ratsuchenden, erprobt sorgfältig die Hilfen der Psychotherapie, erforscht engagiert das biblische Wort, ermahnt den Selbstsicheren freundlich und ermuntert den Verunsicherten sachlich."

Prof. Dr. Werner Jentsch

„Für die Praxis des Seelsorgers, aber auch für jeden engagierten Christen gibt der Verfasser Einblicke in die Persönlichkeitsstruktur, in Problementstehung und -verlauf und zeigt das klare Ziel einer christozentrischen Seelsorge auf. Anhand leicht praktizierbarer Modelle werden Einstiegsmöglichkeiten und helfende Lernschritte auf drei verschiedenen Schwierigkeitsebenen in enger Verbindung zur Bibel vermittelt."

Walter Wanner

Brunnen-Verlag · Basel und Gießen

Vom selben Autor:

Lawrence L. Crabb
Dan B. Allender

Dem andern Mut machen

Seelsorge im täglichen Miteinander
140 Seiten, ABCteam-Paperback Nr. 376

Die Lieder waren schön, die Predigt gut, Freunde und Bekannte hat man lächelnd begrüßt – und geht doch traurig und bedrückt nach Hause.

Ein Einzelfall? Auch Christen verstecken sich immer wieder hinter Masken. Angst vor Bloßstellung, Kritik oder Zurückweisung sind der Grund. Die Folge: Echte, offene Gemeinschaft im biblischen Sinne wird unmöglich – man verkümmert innerlich.

Persönliche Begegnung und Ermutigung ist notwendig, sie wird in der Bibel ganz großgeschrieben. Was aber ist damit gemeint, und wie sieht sie praktisch aus?

Die Autoren, erfahrene Fachleute auf dem Gebiet biblischer Seelsorge, begnügen sich nicht mit oberflächlichen Tips und gutgemeinten Ratschlägen. Auf biblischer und psychologischer Grundlage beschreiben sie zunächst menschliche Grundbedürfnisse. Mit geübtem Scharfblick durchleuchten sie das Spiel persönlicher Schutz- und Abwehrmechanismen. Schließlich weisen sie Wege zu echter, mutmachender zwischenmenschlicher Begegnung.